VÉGÉTARIEN

c'est bon, c'est sain

★ 100 RECETTES INRATABLES ★

100% cuisine

MANGO

SOMMAIRE

★ PRINTEMPS ★

★ ÉTÉ ★

⋆ AUTOMNE ⋆

★ HIVER ★

100 % VEGAN

Falafels de millet et pois chiches

★ P. 32

Ratatouille

★ P. 94

Salade de betteraves multicolores, grenade et noix

★ P. 128

Velouté de panais
et champignons

★ P. 132

Riz vinaigré coloré

★ P. 146

Quiche au poireau
et oignon rouge confit au balsamique

★ P. 204

Recettes pour ★ RECEVOIR ★

Risotto de petit épeautre aux asperges

★ P. 48

Flan de courgettes au pesto

★ P. 86

Pizza à la roquette et tomates confites

★ P. 106

Petites courges gratinées aux champignons

★ P. 144

Spaghettis noirs aux légumes croquants

★ P. 148

Soufflé au comté et noix de muscade

★ P. 208

Végétarien DU MONDE

Dal de lentilles corail à la noix de coco

★ P. 202

Couscous de légumes

★ P. 150

Tacos aux haricots noirs et à la roquette

★ P. 40

★ DESSERTS ★

Muffins aux framboises et aux amandes

★ P. 110

Tarte aux abricots et au yaourt

★ P. 112

Cookies au praliné et graines de courge

★ P. 218

★ PRINTEMPS ★

BOULETTES DE CHÈVRE FRAIS *colorées*

POUR 10 À 12 BOULETTES
PRÉPARATION : 20 MIN
RÉFRIGÉRATION : 1 À 2 H

2 chèvres frais (type Petit Billy®)
½ bouquet de persil plat
3 cuillerées à soupe de graines de sésame grillées
1 cuillerée à soupe de baies roses
3 cuillerées à soupe de pistaches non salées émondées
3 cuillerées à soupe de noisettes émondées
Sel et poivre

1. Dans un bol, écrasez les chèvres à la fourchette. Salez et poivrez. Ciselez le persil plat. Mélangez-le aux graines de sésame.

2. Écrasez les baies roses dans le creux de la main ou à l'aide d'un rouleau à pâtisserie. Mixez les noisettes et mélangez-les aux baies roses. Mixez les pistaches finement et déposez-les dans une soucoupe.

3. Façonnez des petites boules de chèvre. Roulez-en un tiers dans les pistaches, un tiers dans le mélange noisettes-baies roses, et le reste dans le mélange persil-sésame. Placez-les 1 à 2 heures au frais.

4. Piquez les boulettes avec des bâtonnets en bois avant de servir.

CHIPS DE LÉGUMES *et salsa roja*

POUR 8 PERSONNES
PRÉPARATION : 25 MIN
CUISSON : 30 MIN

5 pommes de terre
5 pommes de terre vitelotte
2 betteraves rouges
2 betteraves chioggia
1 oignon
½ piment oiseau
1 cuillerée à café de concentré de tomates
500 g de pulpe de tomates
2 cuillerées à soupe d'huile d'olive
1 cuillerée à soupe de vinaigre balsamique
1 cuillerée à soupe de sucre de canne
Fleur de sel
Sel et poivre
Huile pour la friture

1. Épépinez et hachez le piment. Pelez et ciselez l'oignon. Faites-le revenir dans une poêle avec l'huile d'olive. Ajoutez la pulpe et le concentré de tomates, le sucre, le vinaigre et le piment haché. Mélangez et faites revenir 15 minutes à feu doux. Salez et poivrez. Laissez refroidir cette salsa roja.

2. Épluchez et lavez les légumes puis coupez-les en très fines rondelles à l'aide d'une mandoline.

3. Faites chauffer l'huile de friture à 180 °C. Plongez les rondelles de légumes dans l'huile et laissez-les dorer 3 à 4 minutes en les retournant à mi-cuisson (procédez en plusieurs fois).

4. Retirez les chips à l'aide d'une écumoire et déposez-les sur une feuille de papier absorbant. Parsemez-les aussitôt de fleur de sel et servez avec la salsa.

TARTINES D'ŒUF *et cresson*

POUR 8 TARTINES
PRÉPARATION : 10 MIN
CUISSON : 3 MIN

8 tranches de pain
2 œufs
100 g de cresson
Huile d'olive
Fleur de sel
Sel et poivre

1. Rincez le cresson puis blanchissez-le 1 minute dans une casserole d'eau bouillante.

2. Égouttez-le et mixez-le avec un filet d'huile d'olive, du sel et du poivre. Battez les œufs dans un bol et salez-les légèrement. Faites chauffer un filet d'huile dans une poêle puis versez les œufs battus. Dès qu'ils commencent à prendre, mélangez-les afin d'obtenir des œufs brouillés.

3. Toastez les tranches de pain. Répartissez dessus le cresson puis recouvrez d'œufs brouillés. Saupoudrez de fleur de sel et de poivre.

ROULEAUX DE PRINTEMPS
au beurre de cacahuètes

POUR 8 ROULEAUX
PRÉPARATION : 25 MIN
CUISSON : 5 MIN

8 galettes de riz de 15 à 20 cm de diamètre
50 g de vermicelles de riz
8 feuilles de salade
1 poignée de pousses de soja
2 radis roses
1 petite carotte
¼ de concombre
½ avocat
16 feuilles de menthe
Quelques brins de coriandre

Sauce :
2 cuillerées à soupe de beurre de cacahuètes
1 cuillerée à soupe de sauce soja
5 cuillerées à soupe de bouillon de légumes ou de lait
½ cuillerée à café de fleur de sel
Le jus de ½ citron vert

1. Faites cuire les vermicelles dans une casserole d'eau bouillante. Passez-les sous l'eau froide, égouttez-les et ciselez-les. Blanchissez les pousses de soja 1 minute dans une casserole d'eau bouillante. Rincez et égouttez-les.

2. Coupez les radis en fines rondelles. Pelez le concombre et la carotte puis taillez-les en julienne. Coupez l'avocat en lamelles.

3. Trempez 1 galette de riz dans un saladier d'eau tiède pour la ramollir, égouttez-la puis placez-la sur le plan de travail. Au centre, déposez des rondelles de radis, 1 feuille de salade et 2 feuilles de menthe. Répartissez les vermicelles, les légumes et la coriandre.

4. Roulez la galette en recouvrant la garniture. Refermez les extrémités en rabattant les bords puis roulez. Réalisez les autres rouleaux.

5. Dans un bol, diluez le beurre de cacahuètes avec la sauce soja, le jus de citron et 1 cuillerée à soupe de bouillon. Ajoutez le reste de bouillon puis la fleur de sel. Servez avec cette sauce.

HOUMMOS VERT *aux fèves*

POUR 4 PERSONNES
PRÉPARATION : 10 MIN
CUISSON : 5 MIN

300 g de fèves écossées fraîches ou surgelées,
2 cuillerées à soupe de graines de sésame
1 gousse d'ail
½ citron
Quelques brins de coriandre
1 cuillerée à soupe d'huile de sésame
5 cuillerées à soupe d'huile d'olive
Sel et poivre

1. La veille, si les fèves sont fraîches, faites-les cuire 3 minutes à l'eau bouillante, égouttez-les et retirez leur fine peau. Si elles sont congelées, décongelez-les comme indiqué sur le paquet. Faites bouillir les fèves écossées et pelées 5 minutes dans une casserole d'eau salée. Égouttez.

2. Faites dorer les graines de sésame dans une poêle. Gardez-les au sec dans un bocal fermé. Coupez la gousse d'ail en deux. Pressez le ½ citron.

3. Mettez les fèves, l'ail, le jus de citron et l'huile de sésame dans un robot. Commencez à mixer. Ajoutez l'huile d'olive petit à petit jusqu'à obtenir la consistance d'un hoummos (comme une purée). Salez et poivrez à votre goût. Gardez au frais.

4. Le jour même, effeuillez la coriandre et coupez les feuilles en fines lanières. Mettez le hoummos dans un bol et mélangez-y les lanières de coriandre. Parsemez-le des graines de sésame.

5. Servez le hoummos de fèves avec du pain libanais ou du pain de campagne grillé.

TERRINE DE RICOTTA
et légumes verts

POUR 8 À 10 PERSONNES
PRÉPARATION : 20 MIN
CUISSON : 16 MIN
REPOS : 6 H

100 g de haricots verts
100 g de petits pois écossés
100 g de fèves écossées
½ bouquet de persil ciselé
400 g de ricotta
Quelques brins de cerfeuil ciselés
Quelques brins d'estragon ciselés
40 cl de bouillon de légumes
2 g d'agar-agar
Quelques cuillerées à soupe de vinaigrette au citron
Sel et poivre

1. Équeutez les haricots puis coupez-les en rondelles. Dans une casserole, portez le bouillon à ébullition ; salez-le si besoin. Faites cuire les haricots 10 minutes dans le bouillon. Récupérez-les puis plongez-les dans l'eau glacée.

2. Faites cuire les petits pois et les fèves ensemble dans le bouillon pendant 5 minutes puis rafraîchissez-les. Ôtez la pellicule des fèves.

3. Portez à ébullition le bouillon avec l'agar-agar, du sel et du poivre pendant 1 minute. Mixez avec la ricotta. Mélangez ¼ de ce bouillon à la ricotta avec les herbes ciselées. Versez dans une terrine et faites prendre en gelée 5 minutes au frais.

4. Mélangez les légumes avec le reste de bouillon à la ricotta puis versez dans la terrine. Placez-la 6 heures minimum au réfrigérateur.

5. Démoulez la terrine en trempant le fond dans de l'eau chaude puis coupez-la en tranches. Servez avec la vinaigrette.

SALADE FINE DE CHOUX *au fenouil et à la mangue*

POUR 4 À 6 PERSONNES
PRÉPARATION : 15 MIN

¼ de chou rouge
¼ de chou vert
2 bulbes de fenouil
1 mangue assez mûre
30 g de noix de cajou
Le jus et le zeste de 1 citron vert
1 cuillerée à soupe de vinaigre balsamique
3 cuillerées à soupe d'huile de pépins de raisin
1 cuillerée à soupe de sirop d'érable
Sel et poivre

* * *

1. Supprimez les feuilles abîmées et le cœur des choux ainsi que les branches vertes du fenouil. À l'aide d'une mandoline, émincez les choux et le fenouil en très fines lamelles. Déposez-les dans un saladier et arrosez-les de jus de citron vert. Coupez la mangue en fines tranches. Ajoutez-les dans le saladier et mélangez.

2. Dans un bol, mélangez l'huile, le vinaigre, le sirop d'érable et le zeste de citron vert. Salez et poivrez. Versez cette vinaigrette sur la salade.

3. Dans une poêle, faites torréfier les noix de cajou. Concassez-les grossièrement et parsemez-en la salade. Rectifiez l'assaisonnement.

Astuce
Pour une salade plus acidulée, remplacez la mangue par de la pomme verte.

SALADE DE FÈVES *façon tzatziki*

POUR 4 PERSONNES
PRÉPARATION : 15 MIN
CUISSON : 5 MIN

400 g de fèves écossées
1 gousse d'ail
Quelques brins de menthe
1 yaourt à la grecque
2 cuillerées à soupe d'huile d'olive
Sel et poivre

★★★

Astuce
Vous pouvez également préparer cette salade avec de la coriandre ou du basilic.

1. Faites cuire les fèves pendant 5 minutes à l'eau bouillante salée. Égouttez-les. Retirez la fine peau qui les entoure.

2. Pelez et écrasez la gousse d'ail ou hachez-la très finement. Lavez et effeuillez les brins de menthe. Coupez les feuilles en fines lanières.

3. Dans un bol, mélangez le yaourt, l'ail, la menthe, l'huile d'olive, du sel et du poivre. Versez cette sauce sur les fèves et mélangez le tout. Gardez cette salade au frais jusqu'au moment de la servir.

SALADE D'ORGE
à la feta, petits pois et menthe

POUR 4 PERSONNES
PRÉPARATION : 5 MIN
CUISSON : 1 H
TREMPAGE : 12 H

160 g d'orge mondé
120 g de feta
120 g de petits pois écossés
1 poignée de feuilles de menthe
Le jus de 1 citron
4 cuillerées à soupe d'huile d'olive
Sel et poivre

* * *

Astuce
Vous pouvez remplacer l'orge mondé par du blé mondé précuit : vous éviterez ainsi la nuit de trempage.

1. La veille, faites tremper l'orge mondé dans un saladier d'eau froide pendant 12 heures.
2. Le jour même, égouttez l'orge et déposez-le dans une casserole. Recouvrez d'eau froide (4 fois le volume de l'orge). Portez à ébullition et salez. Laissez cuire à feu doux pendant 1 heure. Égouttez.
3. Faites cuire les petits pois 6 à 8 minutes dans une casserole d'eau bouillante salée. Égouttez-les et rafraîchissez-les dans de l'eau glacée.
4. Coupez la feta en dés. Ciselez les feuilles de menthe.
5. Dans un saladier, déposez l'orge, les petits pois, la feta et la menthe. Assaisonnez d'huile d'olive et de jus de citron. Poivrez et salez légèrement (la feta étant déjà très salée).

FALAFELS DE MILLET
et pois chiches

POUR 4 PERSONNES
PRÉPARATION : 35 MIN
TREMPAGE : 1 NUIT
CUISSON : 1 H 10

250 g de millet
250 g de pois chiches secs
1 oignon
1 gousses d'ail
1 cuillerée à soupe de cumin en poudre
1 cuillerée à soupe de paprika fumé
2 yaourts au soja
2 cuillerées à soupe de tahin (purée de sésame)
½ botte de coriandre
Le jus et le zeste de 1 citron vert
10 cl d'huile de tournesol
Sel et poivre

1. La veille, faites tremper les pois chiches dans un saladier d'eau froide pendant toute la nuit.
2. Le jour même, égouttez les pois chiches puis déposez-les dans une casserole. Couvrez-les d'eau froide (3 fois leur volume) et faites cuire 1 heure. Faites cuire le millet dans 2 fois son volume d'eau bouillante salée 20 minutes à couvert.
3. Dégermez la gousse d'ail. Coupez l'oignon en quartiers. Effeuillez la coriandre. Déposez le tout dans le bol d'un mixeur.
4. Égouttez les pois chiches et le millet puis ajoutez-les dans le mixeur. Mixez sans trop insister afin que la préparation ne soit pas trop lisse. Ajoutez les épices selon votre goût.
5. Avec la préparation, façonnez des boulettes d'environ 5 cm de diamètre. Placez-les au frais.
6. Mélangez les yaourts avec le jus de citron et la moitié du zeste, le tahin, du sel et du poivre.
7. Faites chauffer l'huile dans une poêle puis faites dorer les falafels. Dégustez avec la sauce au tahin.

YAKITORIS DE TOFU FRIT
au sésame et à la coriandre

POUR 4 PERSONNES
PRÉPARATION : 20 MIN
CUISSON : 6 MIN
MARINADE : 30 MIN

400 g de tofu
2 œufs battus
40 g de graines de sésame noir
40 g de graines de sésame au wasabi
2 brins de coriandre
5 cl d'huile végétale

1. Coupez le tofu en cubes de 2 cm. Ciselez la coriandre dans une assiette creuse. Ajoutez toutes les graines de sésame et mélangez.
2. Trempez les cubes de tofu dans l'œuf battu puis passez-les dans les graines de sésame.
3. Confectionnez 12 yakitoris en embrochant les cubes de tofu sur des mini-piques à brochettes.
4. Faites chauffer l'huile dans une poêle, puis faites frire les yakitoris 3 minutes de chaque côté.
5. Égouttez-les sur un papier absorbant avant de déguster.

SUSHIS D'OMELETTE *aux fines herbes*

POUR 10 SUSHIS
PRÉPARATION : 40 MIN
CUISSON : 25 MIN ENV
REPOS : 1 H 30

3 œufs
30 g de beurre
40 g de fines herbes hachées
1 coupelle de sauce tomate

Riz à sushi :
120 g de riz rond à sushi
4 cuillerées à soupe de vinaigre de riz
2 cuillerées à soupe de cassonade
1 petite cuillerée à café de sel

1. Faites cuire le riz à sushi comme indiqué sur le paquet.
2. Confectionnez les sushis : mouillez vos mains pour que le riz ne colle pas. Prélevez 1 bonne cuillerée à soupe de riz et placez-la dans la paume d'une main. Refermez la main pour tasser le riz et en faire un boudin. Tassez les extrémités. Déposez le sushi sur un plat, puis renouvelez l'opération.
3. Battez les œufs dans un saladier. Ajoutez les fines herbes et mélangez.
4. Faites fondre le beurre dans une petite poêle puis faites cuire les œufs en omelette.
5. Déposez l'omelette sur une planche et coupez-la en 10 lamelles.
6. Posez 1 lamelle d'omelette sur chaque sushi. Dégustez aussitôt avec la sauce tomate.

GALETTES DE RISOTTO *au fromage*

POUR 4 PERSONNES
PRÉPARATION : 15 MIN
CONGÉLATION : 1 H
CUISSON : 25 MIN

150 g de riz pour risotto (arborio ou carnaroli)
80 g de gruyère ou de parmesan râpé + quelques copeaux pour la décoration
1 oignon
Quelques brins de persil pour la décoration
1 cube de bouillon
10 cl de vin blanc
80 g de beurre
3 cuillerées à soupe d'huile d'olive
Sel et poivre

1. Portez à ébullition 60 cl d'eau avec le cube de bouillon.

2. Hachez l'oignon. Faites-le fondre dans une cocotte avec l'huile d'olive 3 minutes sur feu moyen. Ajoutez le riz et mélangez pour le nacrer. Versez le vin blanc et faites bouillir 3 minutes sur feu vif. Ajoutez un tiers du bouillon chaud, salez, poivrez et laissez cuire jusqu'à ce qu'il ait été absorbé. Continuez la cuisson pendant 18 minutes à feu moyen en ajoutant du bouillon au fur et à mesure. Hors du feu, incorporez 50 g de beurre coupé en petits dés et le fromage râpé.

3. Déposez le risotto dans un plat chemisé de papier sulfurisé et lissez la surface. Placez le plat 1 heure au congélateur.

4. Coupez le risotto en carrés ou en ronds. Faites-les dorer dans une poêle avec le reste de beurre 3 à 4 minutes de chaque côté.

5. Dégustez les galettes parsemées de parmesan et de persil.

TACOS AUX HARICOTS NOIRS *et à la roquette*

POUR 4 PERSONNES
PRÉPARATION : 5 MIN
CUISSON : 10 MIN

8 tortillas de maïs
1 boîte de 500 g de haricots noirs avec un peu de jus
100 g de roquette
Quelques brins de coriandre
2 gousses d'ail
1 cuillerée à soupe de jus de citron vert
8 cuillerées à soupe de pico de gallo
200 g de crème fraîche épaisse
2 cuillerées à soupe d'huile d'olive

1. Lavez et ciselez la coriandre. Pelez et dégermez les gousses d'ail.
2. Dans une casserole, faites chauffer à feu doux les haricots noirs avec l'huile d'olive, la coriandre et l'ail pressé pendant 10 minutes à couvert.
3. Rincez la roquette. Mélangez le jus de citron vert à la crème fraîche.
4. Réchauffez les tortillas au four (micro-ondes ou traditionnel). Garnissez chaque tortilla avec quelques feuilles de roquette et 2 cuillerées à soupe de préparation aux haricots noirs. Ajoutez 1 cuillerée à soupe de pico de gallo et 1 cuillerée à café de crème fraîche citronnée. Pliez la tortilla pour bien maintenir la garniture et dégustez.

CŒURS D'ARTICHAUT
au chèvre, noix et herbes

POUR 2 PERSONNES
PRÉPARATION : 10 MIN
CUISSON : 20 MIN

4 fonds d'artichaut entiers en bocal
8 cerneaux de noix
½ fromage de chèvre frais (type Petit Billy®)
Quelques feuilles de menthe, de basilic et de coriandre
3 cuillerées à soupe d'huile de noix
2 poignées de feuilles de mâche
1 cuillerée à soupe de vinaigre de vin vieux
Sel et poivre

1. Préchauffez le four à 180 °C (th. 6). Égouttez les fonds d'artichaut. Concassez grossièrement les cerneaux de noix. Lavez et coupez les feuilles de menthe, de basilic et de coriandre en lanières.

2. Dans un récipient, mélangez le fromage de chèvre à la fourchette avec 2 cuillerées à soupe d'huile de noix. Ajoutez les herbes et mélangez à nouveau.

3. Posez les fonds d'artichaut dans un plat allant au four et garnissez-les de la préparation au fromage et aux herbes. Parsemez-les de morceaux de noix, puis enfournez pour 20 minutes de cuisson.

4. Pendant ce temps, lavez la mâche, puis mélangez-la avec l'huile de noix restante et le vinaigre de vin. Assaisonnez et répartissez cette salade sur les assiettes de service.

5. À la sortie du four, déposez les fonds d'artichaut garnis sur la salade et servez aussitôt.

ŒUFS POCHÉS
et asperges à l'orange

POUR 4 PERSONNES
PRÉPARATION : 15 MIN
CUISSON : 15 MIN

1 bocal d'asperges (250 à 300 g)
4 gros œufs
1 échalote
1 brin de coriandre
Le jus de 1 orange
1 petit verre de vinaigre blanc
80 g de beurre
Sel et poivre

1. Pelez et hachez l'échalote. Lavez et ciselez la coriandre.
2. Dans une casserole, faites réduire de moitié le jus d'orange avec l'échalote, du sel et du poivre sur feu moyen. Baissez le feu, ajoutez 60 g de beurre en morceaux et fouettez pour le faire fondre. Filtrez ce beurre à l'orange dans une passoire fine. Ajoutez la coriandre ciselée et réservez au chaud.
3. Cassez chaque œuf dans un ramequin. Dans une casserole, portez à ébullition 1,5 litre d'eau avec le vinaigre blanc. Baissez le feu pour que l'eau frémisse et déposez délicatement les œufs dans la casserole un par un. Laissez-les pocher 3 minutes. Égouttez-les sur du papier absorbant.
4. Égouttez les asperges dans une passoire. Faites-les chauffer dans une poêle avec le reste de beurre 5 minutes sur feu moyen en les retournant une fois.
5. Répartissez les asperges sur les assiettes. Ajoutez dessus 1 œuf poché et nappez de beurre à l'orange. Dégustez aussitôt.

GALETTES DE SARRASIN *aux épinards*

POUR 6 PERSONNES
PRÉPARATION : 30 MIN
CUISSON : 30 MIN

400 g d'épinards frais lavés et équeutés
200 g de farine de sarrasin
40 g de farine
40 cl de lait de soja
20 g de pignons de pin torréfiés
Muscade râpée
Huile d'olive
1 pincée de fleur de sel
Sel et poivre

1. Dans un saladier, mélangez la farine de sarrasin et la fleur de sel avec 45 cl d'eau. Fouettez jusqu'à l'obtention d'une pâte bien lisse.

2. Faites chauffer 1 filet d'huile d'olive dans une poêle à crêpes. Versez une louche de pâte, répartissez-la sur le fond de la poêle et laissez cuire. Retournez et laissez cuire 2 à 3 minutes. Déposez-la sur une assiette. Répétez l'opération.

3. Réalisez la béchamel : dans une casserole, faites chauffer 4 cl d'huile d'olive. Retirez-la du feu et ajoutez la farine. Fouettez puis remettez la casserole sur le feu. Laissez la farine cuire un peu puis versez le lait en remuant. Faites épaissir la sauce. Ajoutez un peu de muscade, salez, poivrez.

4. Faites fondre les épinards avec 1 filet d'huile.

5. Faites chauffer la poêle à crêpes puis déposez 1 galette. Garnissez-la d'épinards, de béchamel et de pignons. Refermez les bords. Réchauffez. Réalisez les autres galettes.

RISOTTO DE PETIT ÉPEAUTRE
aux asperges

POUR 4 PERSONNES
PRÉPARATION : 20 MIN
CUISSON : 30 MIN
TREMPAGE : 1 NUIT

200 g de petit épeautre
1 botte d'asperges vertes
150 g de champignons bruns ou de Paris
2 échalotes
60 g de parmesan fraîchement râpé
1,5 litre de bouillon de légumes
10 cl de vin blanc
1 feuille de laurier
½ bouquet de persil plat
50 g de beurre
Huile d'olive
Sel et poivre

1. Faites tremper le petit épeautre dans l'eau froide une nuit. Le lendemain, égouttez-le. Coupez les asperges en tronçons. Réservez les pointes. Coupez les champignons en quatre. Hachez les échalotes et ciselez le persil. Faites chauffer le bouillon de légumes.

2. Faites revenir les asperges avec un filet d'huile 4 minutes. Ajoutez les champignons et poursuivez la cuisson 4 minutes. Incorporez le persil, salez.

3. Dans une sauteuse, faites chauffer un filet d'huile puis faites revenir les échalotes avec le laurier 2 à 3 minutes. Ajoutez le petit épeautre et mélangez jusqu'à ce que les grains deviennent translucides. Versez le vin blanc. Lorsqu'il est évaporé, ajoutez du bouillon à hauteur du petit épeautre et laissez cuire en remuant jusqu'à ce qu'il soit absorbé. Ajoutez du bouillon à hauteur, salez et procédez de la même façon. Procédez ainsi avec le reste du bouillon (30 minutes de cuisson au total) : les grains de petit épeautre doivent rester *al dente*.

4. Mélangez les légumes au risotto. Incorporez le parmesan et le beurre. Poivrez, saupoudrez de parmesan et décorez avec les pointes d'asperges.

CURRY THAÏ *au tofu*

POUR 4 PERSONNES
PRÉPARATION : 15 MIN
CUISSON : 25 MIN

300 g de riz thaï semi-complet
125 g de tofu ferme
⅓ d'ananas
100 g de petits pois écossés
60 g de pois mange-tout
2 oignons nouveaux
1 tige de citronnelle
4 feuilles de citronnier ou les zestes de 1 citron
1 cuillerée à soupe rase de pâte de curry vert
Quelques brins de coriandre ou de basilic thaï ciselés
Le jus de 1 citron vert
40 cl de lait de coco
1 cuillerée à soupe de sauce soja
1 cuillerée à soupe de sucre semoule
1 cuillerée à café d'huile de tournesol
1 cuillerée à café de sel

1. Rincez le riz dans plusieurs eaux jusqu'à ce que l'eau soit limpide. Égouttez-le et déposez-le dans une casserole avec 50 cl d'eau. Couvrez, portez à ébullition puis laissez cuire 12 minutes à feu doux. Retirez la casserole du feu et laissez reposer 10 minutes environ à couvert.

2. Coupez l'ananas et le tofu en cubes. Émincez les oignons. Coupez les pois mange-tout en deux. Ôtez les premières feuilles de la citronnelle et écrasez-la.

3. Faites chauffer l'huile dans un wok puis faites revenir la pâte de curry 1 minute à feu vif. Ajoutez le tofu, les oignons, les feuilles de citronnier, la citronnelle, le sucre et le sel. Mélangez et faites sauter le tout 2 à 3 minutes. Versez le lait de coco et la sauce soja. Incorporez l'ananas, les petits pois et les pois mange-tout. Portez à ébullition puis laissez mijoter 10 minutes à feu doux.

4. Ajoutez le riz égoutté et la coriandre. Mélangez le tout puis assaisonnez de jus de citron.

WOK DE LÉGUMES *et tofu fumé caramélisé*

POUR 4 À 6 PERSONNES
PRÉPARATION : 20 MIN
CUISSON : 15 MIN
MARINADE : 2 H

250 g de pois gourmands
1 tête de brocoli détaillé en fleurettes
1 botte d'asperges vertes
2 carottes
2 oignons nouveaux
400 g de tofu fumé
30 g de graines de sésame
3 cuillerées à soupe de sauce soja
4 gouttes d'huile de sésame
2 cuillerées à soupe de sirop d'agave
4 cuillerées à soupe d'huile de tournesol

1. Coupez le tofu en gros cubes. Dans un plat creux, mélangez la sauce soja, le sirop d'agave, l'huile de sésame et l'huile de tournesol. Ajoutez le tofu et mélangez. Recouvrez de papier sulfurisé et placez 2 heures au réfrigérateur.

2. Portez une casserole d'eau à ébullition puis faites blanchir séparément les fleurettes de brocoli et les pois gourmands 2 minutes. Plongez-les aussitôt dans un récipient d'eau très froide et égouttez-les.

3. Ôtez le pied des asperges et coupez les tiges en deux dans la longueur. Épluchez la carotte et détaillez-la en très fines lamelles. Enlevez la première peau des oignons et émincez-les.

4. Faites chauffer un wok à feu très vif. Déposez les cubes de tofu égouttés (réservez la marinade) et saisissez-les en remuant : ils doivent caraméliser.

5. Nettoyez le wok puis faites revenir les oignons 3 minutes sur feu vif sans cesser de remuer. Ajoutez les légumes et versez la marinade. Poursuivez la cuisson 2 à 3 minutes. Remettez les cubes de tofu et parsemez de graines de sésame.

NOUILLES AU TOFU *et aux noix de cajou*

POUR 4 PERSONNES
PRÉPARATION : 20 MIN
CUISSON : 10 MIN

300 g de nouilles de riz séchées
160 g de tofu ferme
160 g de pois mange-tout
1 carotte nouvelle
2 oignons nouveaux
½ bouquet de coriandre
1 petite poignée de noix de cajou
1 cuillerée à soupe de gingembre frais râpé
Le jus de 1 citron vert ou jaune
6 cuillerées à soupe de sauce soja
2 cuillerées à soupe d'huile de sésame grillé
2 cuillerées à soupe d'huile de tournesol

1. Faites cuire les nouilles de riz dans une casserole d'eau bouillante selon le temps mentionné sur le paquet. Égouttez-les.
2. Égouttez le tofu et coupez-le en bâtonnets. Coupez les pois mange-tout en quatre. Coupez la carotte en fins bâtonnets. Émincez les oignons. Ciselez la coriandre.
3. Dans un wok, faites brunir les noix de cajou à feu vif avec 1 cuillerée à soupe d'huile de tournesol. Réservez-les sur une assiette.
4. Faites revenir le tofu et le gingembre dans le wok 3 à 4 minutes à feu vif en remuant de temps en temps. Débarrassez sur une assiette.
5. Faites chauffer le reste d'huile de tournesol dans le wok puis faites revenir les oignons, les pois mange-tout et la carotte 5 minutes sur feu vif.
6. Remettez le tofu dans le wok. Arrosez avec le jus de citron, la sauce soja et l'huile de sésame. Ajoutez les nouilles de riz et mélangez. Parsemez de coriandre et de noix de cajou.

NOUILLES SOBA *aux crudités*

POUR 4 PERSONNES
PRÉPARATION : 10 MIN
CUISSON : 8 MIN

300 g de nouilles soba
¼ de concombre
2 tomates
1 poignée de graines germées
2 œufs battus
1 cuillerée à soupe de graines de sésame
1 filet d'huile de tournesol

Assaisonnement :
3 cuillerées à soupe d'huile de sésame
2 cuillerées à soupe de sauce soja
3 cuillerées à soupe de vinaigre de prune

★★★

1. Faites chauffer l'huile de tournesol dans une poêle. Versez les œufs et dès qu'ils commencent à prendre, mélangez afin d'obtenir des œufs bouillés. Réservez sur une assiette.
2. Pelez le concombre et coupez-le en fins bâtonnets. Lavez les tomates et détaillez-les en fines lamelles.
3. Faites cuire les nouilles soba dans un grand volume d'eau bouillante selon les indications du paquet (environ 5 minutes). Rincez-les à l'eau froide pour les empêcher de coller et égouttez-les. Déposez-les dans un saladier.
4. Dans un bol, mélangez tous les ingrédients de l'assaisonnement.
5. Répartissez le concombre, les tomates, les œufs et les graines germées sur les nouilles soba. Arrosez de sauce et parsemez de graines de sésame. Servez aussitôt.

Astuce

Vous pouvez remplacer les nouilles soba par des nouilles de riz ou par des spaghettis.

RAMEN DE KONJAC, *petits légumes, œuf et tofu*

POUR 4 PERSONNES
PRÉPARATION : 20 MIN
CUISSON : 15 À 20 MIN

400 g de nouilles de konjac
2 litres de bouillon de légumes
200 g de courge
¼ de chou vert
30 g de shiitaké déshydratés
150 g de tofu
2 cives
4 œufs extra-frais
4 cuillerées à soupe de miso blanc
Quelques gousses d'edamame cuites
2 cuillerées à café de graines de sésame noir
1 cuillerée à café d'ail frit
1 cuillerée à soupe d'huile végétale
Sel

1. Faites cuire les œufs dans une casserole d'eau bouillante pendant 6 minutes. Plongez-les dans un grand bol d'eau froide puis écalez-les. Préchauffez le four à 180 °C (th. 6).

2. Dans une casserole, faites chauffer le bouillon de légumes avec les shiitaké déshydratés.

3. Épluchez la courge et coupez-la en dés. Déposez-les dans un plat à gratin, mélangez-les avec l'huile et salez. Enfournez et faites cuire 15 à 20 minutes.

4. Émincez le chou. Égouttez le tofu et coupez-le en lamelles. Hachez les cives. Écossez les edamame pour récupérer les fèves.

5. Faites cuire les ramen dans une casserole d'eau bouillante selon le temps indiqué. Égouttez-les et déposez-les dans 4 bols.

6. Mélangez le miso avec le bouillon aux shiitaké.

7. Dans les bols, répartissez les légumes, le tofu et les œufs. Versez par-dessus le bouillon très chaud. Parsemez d'ail frit, de cive et de sésame.

CHEESECAKE
à la rhubarbe

POUR 6 À 8 PERSONNES
PRÉPARATION : 20 MIN
CUISSON : 1 H
RÉFRIGÉRATION : 3 H

Biscuit :
100 g de petits-beurre
50 g de beurre fondu

Crème de faisselle :
300 g de faisselle
½ cuillerée à soupe de farine
1 œuf
10 cl de crème liquide entière
40 g de sucre semoule

Compote de rhubarbe :
250 g de rhubarbe
2 cuillerées à soupe de sirop d'agave ou 15 g de sucre de canne
1 cuillerée à café rase d'agar-agar
2 cuillerées à soupe de confiture de framboises
3 cuillerées à soupe d'eau
40 g de sucre semoule

1. Égouttez la faisselle pendant 10 minutes. Préchauffez le four à 180 °C (th. 6).
2. Mixez les biscuits avec le beurre fondu. Étalez cette pâte dans un moule à manqué tapissé de papier sulfurisé. Faites cuire 10 minutes.
3. Dans un saladier, fouettez la faisselle égouttée avec le sucre, la crème liquide et la farine. Ajoutez l'œuf et fouettez jusqu'à obtenir un mélange bien lisse. Étalez cette crème sur le biscuit précuit. Enfournez pour 40 minutes. Laissez refroidir.
4. Épluchez la rhubarbe puis coupez-la en dés. Déposez-les dans une casserole avec le sucre, le sirop d'agave et l'eau. Laissez compoter 10 minutes à feu doux.
5. Mixez la compote. Ajoutez l'agar-agar et mélangez. Faites bouillir 30 secondes. Retirez du feu et ajoutez la confiture. Mélangez bien.
6. Recouvrez le dessus du cheesecake de compote. Placez-le au réfrigérateur pendant 3 heures.

PANNA COTTA *au lait d'amandes*

POUR 4 PERSONNES
PRÉPARATION : 15 MIN
CUISSON : 5 MIN
REPOS : 2 H 15

20 cl de lait d'amandes
20 cl de crème végétale
20 g de pistaches
30 g de sirop d'érable
+ un peu pour servir
1 gousse de vanille
1 sachet d'agar-agar

1. Fendez la gousse de vanille dans la longueur et prélevez les graines avec la lame d'un couteau.
2. Dans une casserole, faites chauffer doucement le lait d'amandes avec la crème végétale et le sirop d'érable. Dès les premiers frémissements, retirez la casserole du feu et ajoutez l'agar-agar, les graines de vanille et la gousse. Couvrez et laissez reposer 15 minutes.
3. Filmez la crème et versez-la dans 4 ramequins. Placez-les 2 heures au réfrigérateur.
4. Servez les panna cotta parsemées de pistaches concassées avec du sirop d'érable.

★ ÉTÉ ★

TOMATES CERISES *façon pomme d'amour au pavot*

POUR 20 SUCETTES
PRÉPARATION : 10 MIN
CUISSON : 5 MIN

20 tomates cerises
30 g de graines de pavot
100 g de cassonade

1. Rincez les tomates cerises et piquez un bâtonnet en bois dans chaque tomate. Préparez une grande assiette recouverte de papier sulfurisé et un bol contenant les graines de pavot.

2. Dans une casserole à fond épais, faites chauffer la cassonade à feu doux, sans y toucher jusqu'à ce qu'un caramel doré se forme. Mélangez alors le caramel au fouet pour le liquéfier.

3. Plongez chaque tomate dans le caramel puis dans les graines de pavot. Posez-la sur le papier sulfurisé.

4. Laissez les sucettes refroidir et figer avant de servir.

CRACKERS DE PARMESAN *à la tomate*

POUR 16 CRACKERS
PRÉPARATION : 15 MIN
CUISSON : 30 MIN

80 g de crackers
50 g de parmesan râpé
2 grosses tomates
2 échalotes
25 g de farine
40 g de beurre ramolli
3 cuillerées à soupe d'huile d'olive
Sel et poivre

★★★

Astuce
Vous pouvez parsemer le dessus des crackers de basilic ciselé.

1. Préchauffez le four à 180 °C (th. 6). Mixez les crackers pour obtenir une poudre fine.
2. Dans un saladier, mélangez le beurre avec la poudre de crackers, le parmesan et la farine de façon à obtenir une pâte.
3. Étalez la pâte sur le plan de travail fariné. À l'aide d'un petit emporte-pièce, découpez 16 disques puis déposez-les sur une plaque de cuisson recouverte de papier sulfurisé. Enfournez et faites cuire 12 à 15 minutes. Laissez refroidir.
4. Ébouillantez les tomates 20 secondes. Égouttez-les et plongez-les dans un saladier d'eau froide. Ôtez la peau et les pépins puis concassez-les.
5. Hachez les échalotes. Faites-les fondre dans une casserole avec l'huile d'olive 5 minutes à feu doux. Ajoutez les tomates, du sel et du poivre. Faites cuire 15 à 20 minutes. Laissez refroidir.
6. Déposez un peu de concassé de tomates sur chaque cracker et dégustez.

FOUGASSES AUX OLIVES
et au romarin

POUR 4 PERSONNES
PRÉPARATION : 20 MIN
LEVÉE DE LA PÂTE : 1 H
CUISSON : 30 MIN

90 g d'olives noires dénoyautées
1 branche de romarin
1 oignon
15 cl de lait
270 g de farine
1 sachet de levure de boulanger (8 g)
50 g de beurre
3 cuillerées à soupe d'huile d'olive
½ cuillerée à café de sel

1. Émincez l'oignon. Faites-le fondre dans une poêle avec 20 g de beurre 8 à 10 minutes sur feu moyen. Hachez les brindilles de romarin et les olives. Mélangez aux oignons et laissez refroidir.

2. Dans une casserole, faites tiédir le lait avec le reste de beurre. Hors du feu, délayez la levure.

3. Déposez la farine et le sel dans un robot équipé du crochet à pétrin. Versez la levure délayée et faites tourner le robot à vitesse lente pendant 8 à 10 minutes jusqu'à ce que la pâte se décolle des parois. Ajoutez la garniture et faites tourner 2 minutes. Décollez la pâte, farinez légèrement puis couvrez la cuve avec un torchon humide. Laissez lever la pâte 45 minutes pour qu'elle double de volume. Préchauffez le four à 210 °C (th. 7).

4. Étalez la pâte en 4 pâtons de forme ovale. Déposez-les sur une plaque puis incisez en forme d'épi. Étirez légèrement la pâte et laissez lever 15 minutes.

5. Badigeonnez les fougasses d'huile d'olive. Enfournez et faites cuire 30 minutes. Laissez-les reposer 10 minutes avant de déguster.

CAVIAR D'AUBERGINE *aux oignons nouveaux*

POUR 6 PERSONNES
PRÉPARATION : 30 MIN
CUISSON : 20 À 25 MIN

3 belles aubergines
1 botte d'oignons nouveaux
2 gousses d'ail pelées et dégermées
½ bouquet de ciboulette
1 cuillerée à soupe de paprika fumé + 1 pincée pour saupoudrer
4 cuillerées à soupe d'huile d'olive
Sel et poivre

1. Préchauffez le four à 180 °C (th. 6). Déposez les aubergines entières sur une plaque et faites-les cuire au four en chaleur tournante, 20 à 25 minutes (ou au gril) jusqu'à ce que la peau se décolle et cloque.

2. Coupez les aubergines en deux et récupérez la chair avec une cuillère. Mixez-la avec les gousses d'ail, l'huile d'olive et le paprika fumé. Salez et poivrez.

3. Émincez les oignons nouveaux très finement. Ciselez la ciboulette. Déposez le caviar d'aubergine dans des coupelles. Parsemez de ciboulette et d'oignon puis saupoudrez de paprika fumé. Placez au réfrigérateur jusqu'au moment de servir. Dégustez sur des tartines de pain noir.

EMPANADAS DE LÉGUMES *à la coriandre*

POUR 12 EMPANADAS
PRÉPARATION : 30 MIN
CUISSON : 15 MIN

1 pâte brisée

Farce :
100 g de haricots rouges en boîte égouttés
100 g de grains de maïs
1 courgette en brunoise
1 oignon haché
3 cives émincées
½ bouquet de coriandre
½ cuillerée à café de cumin en poudre
70 g de cheddar râpé
1 cuillerée à soupe d'huile d'olive
Sel et poivre

Accompagnement :
1 bol de salsa verde
1 bol de crème fraîche épaisse mélangée à 1 cuillerée à soupe de jus de citron

1. Dans une poêle, faites revenir l'oignon avec l'huile d'olive 2 minutes à feu moyen. Ajoutez la courgette, le maïs et les haricots rouges. Assaisonnez de sel, poivre et cumin. Continuez la cuisson 5 minutes à feu doux puis ajoutez les cives, le cheddar et la coriandre. Préchauffez le four à 180 °C (th. 6).

2. Étalez la pâte sur une épaisseur de 2 à 3 mm. Découpez les disques de 10 à 12 cm de diamètre.

3. Sur la moitié de chaque disque, déposez une grosse cuillerée à soupe de farce aux légumes en réservant un bord de 1,5 cm. Humidifiez le bord. Refermez le disque en pressant. Ourlez le bord.

4. Disposez les chaussons sur une plaque recouverte de papier sulfurisé. Dorez-les au jaune d'œuf dilué avec 1 cuillerée à café d'eau. Enfournez pour 15 minutes. Dégustez les empanadas accompagnés de crème citronnée et de salsa verde.

SALADE DE PAPAYE et avocat

POUR 4 PERSONNES
PRÉPARATION : 15 MIN
RÉFRIGÉRATION : 30 MIN

1 papaye
1 avocat bien mûr
3 kumquats jaunes

Vinaigrette :
1 oignon nouveau
1 petit piment rouge
2 cuillerées à soupe de vinaigre balsamique blanc
4 cuillerée à soupe d'huile d'olive
Sel et poivre

★ ★ ★

Astuce

Vous pouvez remplacer la papaye par un pamplemousse rose.

1. Lavez, pelez et coupez la papaye en tranches. Retirez les graines noires que vous pouvez conserver pour la décoration. Pelez l'avocat, ôtez le noyau central, puis coupez-le en fines lamelles. Lavez les kumquats, puis taillez-les en rondelles.
2. Lavez et émincez la partie verte de l'oignon nouveau. Coupez le piment en deux, retirez les graines à l'intérieur et la membrane intérieure blanchâtre, puis hachez-le finement. Ne vous frottez surtout pas le visage avec vos mains.
3. Dans un grand récipient, à l'aide d'un petit fouet, émulsionnez le vinaigre avec l'huile d'olive. Salez et poivrez.
4. Ajoutez le reste des ingrédients et mélangez. Placez au frais 30 minutes avant de déguster.

SALADE POIRE-AVOCAT *et gouda*

POUR 2 PERSONNES
PRÉPARATION : 10 MIN

1 poire
1 avocat
30 g de gouda vieux
Le jus de 1 citron
Huile d'olive
Sel et poivre

1. Épluchez la poire et l'avocat et coupez-les en lamelles. Prélevez des copeaux de gouda à l'aide d'un économe.
2. Dans des coupelles, répartissez les lamelles de poire et d'avocat en alternant les couleurs.
3. Assaisonnez de jus de citron, d'un filet d'huile d'olive et de fleur de sel. Parsemez quelques copeaux de gouda et poivrez.

SALADE DE LENTILLES
et de quinoa

POUR 4 PERSONNES
PRÉPARATION : 15 MIN
CUISSON : 30 MIN
REPOS : 10 MIN

100 g de lentilles
100 g de quinoa
1 avocat
½ concombre
1 grosse poignée de haricots verts
1 poignée de roquette
4 radis
1 oignon nouveau
120 g de feta
2 cuillerées à soupe de graines de courge
2 cuillerées à soupe de graines de tournesol
1 poignée de graines germées
Le jus de 1 citron
4 cuillerées à soupe d'huile d'olive
1 cuillerée à soupe de vinaigre balsamique blanc (ou vinaigre de cidre)
Sel et poivre

1. Lavez et équeutez les haricots verts puis coupez-les en rondelles.
2. Rincez les lentilles, déposez-les dans une casserole et couvrez-les d'eau (5 cm au-dessus du niveau des lentilles). Portez à ébullition et laissez cuire 25 minutes à feu doux. Ajoutez les haricots et continuez la cuisson 5 minutes. Égouttez.
3. Rincez abondamment le quinoa puis faites-le cuire dans une casserole en le recouvrant avec 1 fois ½ son volume d'eau froide. Portez à ébullition puis faites cuire 15 minutes à feu doux jusqu'à ce que l'eau soit absorbée. Laissez reposer 10 minutes.
4. Pelez l'avocat et le concombre puis coupez-les en dés. Détaillez les radis en fines rondelles. Pelez et hachez l'oignon. Coupez la feta en dés.
5. Dans un saladier, mélangez les lentilles tièdes et le quinoa. Ajoutez le reste des ingrédients. Salez, poivrez et servez.

SALADE DE BOULGOUR *aux tomates, pêches et fèves*

POUR 4 PERSONNES
PRÉPARATION : 15 MIN
CUISSON : 10 MIN
REPOS : 30 MIN

200 g de boulgour
3 tomates cornue des Andes
3 tomates ananas
2 pêches blanches
150 g de fèves écossées
30 g de noisettes entières mondées
15 feuilles de basilic
1 cuillerée à soupe de sirop d'orgeat
1 cuillerée à soupe de sirop d'agave
2 cuillerées à soupe de jus de pomme
1 cuillerée à soupe de vinaigre de cidre
4 cuillerées à soupe d'huile de pépins de raisin
Sel et poivre

1. Faites cuire le boulgour dans 2 fois son volume d'eau pendant 10 minutes. Couvrez et laissez gonfler. Une fois refroidi, placez le boulgour au réfrigérateur.

2. Coupez les tomates en quartiers fins. Coupez les pêches en fines tranches.

3. Faites blanchir les fèves 7 minutes dans une casserole d'eau bouillante. Plongez-les aussitôt dans un récipient d'eau très froide puis égouttez-les. Ôtez la peau qui les recouvre.

4. Dans un bol, mélangez l'huile, le vinaigre, les sirops et le jus de pomme.

5. Dans une poêle, torréfiez à sec les noisettes. Concassez-les grossièrement.

6. Dans un saladier, mélangez le boulgour refroidi avec les tomates, les pêches, les fèves et les noisettes. Ajoutez la vinaigrette et rectifiez l'assaisonnement. Parsemez de feuilles de basilic.

CRÈME DE CHOU-FLEUR *et chips de betterave*

POUR 20 VERRINES
PRÉPARATION : 30 MIN
CUISSON : 20 MIN (CHOU-FLEUR), 5 MIN (CHIPS)

1 chou-fleur
2 petites betteraves crues fermes
2 cuillerées à soupe de pistaches concassées
20 cl de crème liquide
1 litre de lait
Farine fluide
Huile pour friture
1 cuillerée à soupe de gros sel
Sel et poivre

1. Détaillez le chou-fleur en bouquets. Faites-les cuire 20 minutes dans une casserole de lait avec le gros sel. Égouttez. Faites chauffer la crème.

2. Mixez le chou-fleur en ajoutant la crème liquide chaude : la consistance doit être souple et onctueuse. Salez et poivrez.

3. Épluchez les betteraves et coupez-les en très fines tranches à l'aide d'une mandoline. Déposez-les sur du papier absorbant, puis saupoudrez-les de farine. Déposez-les dans un tamis et secouez pour enlever l'excès de farine.

4. Faites chauffer l'huile, puis faites frire les tranches de betterave. Dès que la couleur vire au rouge orangé, retirez-les du bain de friture. Déposez-les sur du papier absorbant. Salez et laissez refroidir.

5. Répartissez la crème de chou-fleur dans les verrines et plantez 1 chips de betterave. Parsemez de pistaches concassées et de poivre.

FLAN DE COURGETTE *au pesto*

POUR 4 PERSONNES
PRÉPARATION : 10 MIN
CUISSON : 55 MIN

1 courgette
30 cl de crème liquide allégée
3 œufs
2 cuillerées à soupe de pesto
4 cuillerées à soupe de parmesan râpé
Beurre pour les ramequins
Huile d'olive
Sel et poivre

* * *

Astuce
Vous pouvez servir ces flans avec une petite salade verte ou des dés de tomate assaisonnés.

1. Préchauffez le four à 180 °C (th. 6). Coupez la courgettes en fines rondelles. Faites chauffer un peu d'huile d'olive à feu vif dans une grande poêle, puis faites-y dorer les rondelles de courgette.

2. Beurrez des ramequins et déposez une tranche de courgette au fond de chacun. Coupez les rondelles de courgette restantes en dés. Dans un saladier, mélangez la crème liquide, les œufs, les dés de courgette, le pesto, le parmesan, du sel et du poivre. Versez dans les ramequins.

3. Posez les ramequins dans un bain-marie aux trois quarts de leur hauteur (dans un plat à gratin rempli d'eau). Enfournez pour 45 minutes.

4. À la fin du temps de cuisson des flans, laissez-les tiédir et démoulez-les délicatement ou laissez-les dans les ramequins.

MILLEFEUILLES DE BETTERAVE, *chèvre et basilic*

POUR 4 PERSONNES
PRÉPARATION : 10 MIN
CUISSON : 1 MIN
REPOS : 30 MIN

1 betterave cuite pelée
2 fromages de chèvre frais
½ bouquet de basilic
Quelques feuilles de menthe
4 cuillerées à soupe de bouillon de légumes
½ cuillerée à café d'agar-agar
4 cuillerées à soupe d'huile d'olive + 1 cuillerée à soupe pour la décoration
1 cuillerée à soupe de vinaigre balsamique blanc
Sel et poivre

1. Coupez la betterave et les fromages en lamelles de ½ cm d'épaisseur.

2. Effeuillez le basilic, réservez quelques feuilles pour la décoration et mixez le reste avec la menthe, l'huile d'olive, le vinaigre, le bouillon de légumes, du sel et du poivre.

3. Versez la préparation dans une petite casserole. Ajoutez l'agar-agar et portez à ébullition en mélangeant régulièrement. Maintenez l'ébullition 10 secondes puis versez dans un récipient creux en une couche d'environ 10 × 2 cm d'épaisseur.

4. Laissez refroidir 30 minutes au réfrigérateur. Découpez des cercles (à l'aide d'un verre retourné) de la taille des rondelles de betterave dans la couche de gelée d'herbes. Montez les millefeuilles en alternant 1 lamelle de betterave, 1 lamelle de chèvre et 1 cercle de gelée d'herbes. Terminez par la gelée et arrosez d'un filet d'huile.

ESCALIVADE

POUR 6 PERSONNES
PRÉPARATION : 30 MIN
CUISSON : 30 MIN

5 tomates
2 aubergines
2 courgettes
2 poivrons rouges
2 poivrons jaunes
3 oignons rouges
2 cl de vinaigre (banyuls ou xérès)
10 cl d'huile d'olive
Basilic
Ail
Sel et poivre

★★★

1. Épluchez les oignons. Huilez un grand plat allant au four. Préchauffez le four à 210 °C (th. 7).
2. Taillez les courgettes et les aubergines dans la longueur sur une épaisseur de 4 mm. Disposez les tranches de courgettes en les faisant se chevaucher. Salez, poivrez et versez 1 filet d'huile entre chaque niveau de légumes. Faites de même avec les aubergines. Rangez par-dessus une couche de rondelles de tomates puis d'oignons.
3. Surmontez le tout des poivrons coupés en deux, égrainés et débarrassés de leurs peaux blanches. Disposez-les face bombée vers le haut. Arrosez d'huile d'olive et enfournez pour 30 minutes, jusqu'à ce que la peau des poivrons soit brunie.
4. Sortez le plat du four et éliminez la peau des poivrons. Taillez les poivrons en lanières. Ajoutez du vinaigre, quelques feuilles de basilic ciselées et de l'ail pressé juste avant de servir.

Astuce
Il en reste encore le lendemain ? Ça tombe à pic pour garnir une pizza végétarienne.

TIAN AUX TOMATES *et à l'aubergine*

POUR 4 PERSONNES
PRÉPARATION : 20 MIN
CUISSON : 1 H 30

1 aubergine
6 tomates
2 oignons
2 gousses d'ail
Quelques brins de thym frais
Huile d'olive
Sel et poivre

1. Préchauffez le four à 180 °C (th. 6). Coupez l'aubergine, les tomates et les oignons en rondelles.

2. Huilez un plat allant au four. Disposez les rondelles de légumes dans le plat, en alternant les tomates, les oignons et l'aubergine. Salez et poivrez.

3. Pelez et écrasez les gousses d'ail ou hachez-les très finement. Effeuillez le thym. Parsemez le tian de thym et d'ail, puis arrosez-le généreusement d'un filet d'huile d'olive.

4. Enfournez le tian pour 1 heure 30 de cuisson. Arrosez-le d'huile d'olive en cours de cuisson. Si les légumes brunissent trop, couvrez le plat de papier d'aluminium.

RATATOUILLE

POUR 6 PERSONNES
PRÉPARATION : 30 MIN
CUISSON : 50 MIN

6 tomates grappe
4 courgettes
2 belles aubergines
1 poivron rouge
1 poivron jaune
2 oignons émincés
3 gousses d'ail hachées
1 branche de thym
1 feuille laurier
7 cuillerées à soupe d'huile d'olive
Sel du moulin

★★★

Astuce
Une recette à consommer chaude, à température ambiante ou même glacée !

1. Supprimez les graines et les membranes blanches des poivrons. Pelez et épépinez les tomates. Coupez tous les légumes en cubes de 1 cm de côté.

2. Dans une poêle, faites chauffer 2 cuillerées à soupe d'huile, faites revenir les aubergines 5 minutes. Réservez dans un plat.

3. Faites rissoler les courgettes 3 minutes dans la poêle en ajoutant 1 cuillerée à soupe d'huile. Réservez et procédez de même avec les poivrons en les laissant cuire 4 minutes.

4. Dans une cocotte, faites chauffer 3 cuillerées à soupe d'huile, faites revenir les oignons jusqu'à ce qu'ils soient translucides. Ajoutez les tomates et laissez cuire 3 minutes en mélangeant.

5. Ajoutez tous les légumes déjà revenus et laissez cuire 5 minutes à feu vif. Assaisonnez avec le thym, le laurier, du sel et du poivre. Couvrez, baissez le feu et laissez mijoter 20 minutes. Ajoutez l'ail, rectifiez l'assaisonnement et poursuivez la cuisson 10 minutes.

RATATOUILLE D'AUBERGINES
aux olives et aux raisins

POUR 4 PERSONNES
PRÉPARATION : 20 MIN
CUISSON : 30 MIN

3 aubergines
2 branches de céleri
2 oignons
4 cuillerées à soupe d'olives vertes dénoyautées
1 cuillerée à soupe de câpres dessalées
1 cuillerée à soupe de raisins secs
2 cuillerées à soupe de pignons de pin
1 cuillerée à soupe rase de sucre
2 cuillerées à soupe de vinaigre de vin rouge
Huile d'olive
Sel et poivre

1. Taillez les aubergines en dés de 2 cm. Épluchez le céleri et coupez-le en petits morceaux. Émincez les oignons.

2. Poêlez les aubergines en plusieurs fois avec de l'huile d'olive, salez et débarrassez. Ébouillantez le céleri dans de l'eau salée.

3. Faites revenir les oignons dans l'huile d'olive, salez et ajoutez les aubergines, le céleri, les olives, les câpres, les raisins secs et les pignons. Faites cuire 3 minutes à feu doux.

4. Mélangez le sucre avec le vinaigre et versez le mélange dans la poêle. Poursuivez la cuisson 5 minutes environ. Rectifiez l'assaisonnement. Dégustez chaud.

PETITS FARCIS *d'épeautre*

POUR 4 À 6 PERSONNES
PRÉPARATION : 30 MIN
CUISSON : 1 H 20

3 courgettes rondes lavées
3 oignons rouges épluchés
200 g d'épeautre précuit
½ bouquet de basilic effeuillé
1 gousse d'ail hachée
200 g de tofu nature
75 g de raisins secs sultana
30 g de pignons de pin
2 cuillerées à soupe d'huile d'olive
Sel et poivre

1. Préchauffez le four à 180 °C (th. 6). Déposez l'épeautre dans une casserole puis recouvrez-le d'eau (3 fois son volume). Portez à ébullition et laissez cuire 20 minutes.

2. Découpez un chapeau aux courgettes et aux oignons et évidez-les. Gardez la chair des courgettes et la moitié de l'intérieur des oignons. Hachez le tout.

3. Faites chauffer 1 cuillerée à soupe d'huile d'olive dans une sauteuse puis faites revenir l'ail 3 minutes. Ajoutez la chair des courgettes et des oignons ainsi que les pignons. Faites revenir le tout à feu moyen 15 minutes environ.

4. Coupez le tofu en cubes puis faites-les dorer dans une poêle avec le reste d'huile d'olive. Mélangez le tofu et l'épeautre à la chair des légumes. Ajoutez le basilic, salez et poivrez.

5. Remplissez les courgettes et les oignons évidés avec la préparation. Placez ces farcis dans un plat à gratin avec un peu d'eau et recouvrez-les avec leur chapeau. Enfournez pour 1 heure.

POIVRONS FARCIS
au quinoa

POUR 4 PERSONNES
PRÉPARATION : 10 MIN
CUISSON : 50 MIN
REPOS : 10 MIN

4 poivrons
120 g de quinoa
120 g de chèvre frais
2 grosses tomates
½ bouquet de persil
½ bouquet de basilic
3 cuillerées à soupe de chapelure
Huile d'olive
Sel et poivre

★★★

Astuce
Remplacez les poivrons par des courgettes rondes ou des tomates à chair ferme.

1. Préchauffez le four à 210 °C (th. 7). Coupez les poivrons en deux. Ôtez les graines et les membranes blanches. Saupoudrez-les de sel. Pelez les tomates et coupez-les en dés. Ciselez le persil et le basilic. Coupez le chèvre en dés.
2. Rincez abondamment le quinoa puis déposez-le dans une casserole avec 1 fois ½ son volume d'eau froide. Portez à ébullition et faites cuire à feu doux 15 minutes environ. Recouvrez-le jusqu'à ce que l'eau soit complètement absorbée. Laissez reposer 10 minutes.
3. Dans un saladier, mélangez le quinoa avec les dés de chèvre et de tomates et les herbes ciselées. Salez modérément et poivrez.
4. Garnissez les poivrons avec le mélange de quinoa. Saupoudrez de chapelure et arrosez d'un filet d'huile d'olive. Enfournez et faites cuire 35 minutes.

FARFALLES AUX COURGETTES *et à la brousse*

ÉTÉ

POUR 4 PERSONNES
PRÉPARATION : 10 MIN
CUISSON : 20 MIN

320 g de farfalles semi-complètes
1 courgette
200 g de brousse
150 g de haricots verts
Quelques feuilles de roquette
Quelques feuilles de basilic
1 échalote
1 gousse d'ail
4 cuillerées à soupe de bouillon de légumes
1 cuillerée à soupe de jus de citron
5 cuillerées à soupe d'huile d'olive
Sel et poivre

1. Équeutez les haricots verts puis coupez-les en dés. Coupez la courgette. Hachez l'ail et l'échalote.
2. Dans une poêle, faites fondre l'ail et l'échalote avec un filet d'huile 1 minute. Ajoutez les haricots, salez et faites-les revenir 5 minutes en remuant. Ajoutez la courgette et poursuivez la cuisson 3 minutes. Versez le bouillon et faites cuire encore 2 minutes. Parsemez de basilic et de roquette. Poivrez.
3. Plongez les pâtes dans une grande casserole d'eau bouillante salée et faites-les cuire le temps mentionné sur le paquet. Égouttez-les.
4. Dans un saladier, mélangez les pâtes avec les légumes. Versez le reste d'huile d'olive et le jus de citron puis rectifiez l'assaisonnement.
5. Servez et répartissez la brousse sur les pâtes.

PIZZETTES *aux légumes*

POUR 8 PIZZETTES
PRÉPARATION : 20 MIN
CUISSON : 10 À 15 MIN

2 boules de pâte à pizza fraîches ou surgelées
2 aubergines
2 courgettes
100 g de tomates cerises
½ bouquet de persil plat ou de basilic
1 cuillerée à café d'ail moulu
3 cuillerées à soupe d'huile d'olive + 1 cuillerée pour les pizzettes
Sel en paillettes

1. Faites décongeler les pâtes à pizza si elles sont surgelées et laissez-les à température ambiante pendant 2 à 3 heures. Épluchez les aubergines et coupez-les en dés. Pelez les courgettes et coupez-les en rondelles.

2. Poêlez les aubergines et les courgettes avec l'ail dans l'huile d'olive 8 minutes à feu moyen. Coupez les tomates cerises en deux.

3. Préchauffez le four à 180 °C (th. 6).

4. Étalez les pâtes à pizza avec le rouleau à pâtisserie. À l'aide d'un emporte-pièce rond ou ovale, ou d'une soucoupe à thé, découpez 8 disques de pâte. Répartissez les légumes poêlés et les moitiés de tomates sur les disques de pâte. Arrosez d'un filet d'huile d'olive.

5. Enfournez pendant 10 à 15 minutes. À la sortie du four, saupoudrez les pizzettes de sel en paillettes et de persil (ou basilic) ciselé.

PIZZA À LA ROQUETTE *et tomates confites*

POUR 1 GRANDE PIZZA
PRÉPARATION : 10 MIN
CUISSON : 15 MIN

250 g de pâte à pizza (ou de pâte à pain)
1 boule de mozzarella
8 tomates confites
10 champignons de Paris
1 grosse poignée de roquette
3 cuillerées à soupe de coulis de tomates
1 cuillerée à soupe d'olives noires dénoyautées
Huile d'olive
Sel et poivre

★★★

1. Préchauffez le four à 210 °C (th. 7). Ôtez le pied des champignons ; nettoyez-les sous un filet d'eau fraîche et coupez-les en lamelles. Égouttez la mozzarella et coupez-la en lamelles.
2. Étalez la pâte à pizza sur une plaque de cuisson recouverte de papier sulfurisé. Recouvrez de coulis de tomates puis disposez la mozzarella, les champignons, les tomates confites et les olives. Salez, poivrez et arrosez d'un filet d'huile d'olive.
3. Enfournez la pizza et faites cuire 15 minutes.
4. À la sortie du four, parsemez la pizza de feuilles de roquette et servez aussitôt.

Astuce

Vous pouvez ajouter de l'ail confit pour un goût plus prononcé.

PIZZA ORIENTALE *au zaatar*

POUR 4 PERSONNES
PRÉPARATION : 10 MIN
CUISSON : 25 MIN

4 pains pita
8 cuillerées à soupe de mélange zaatar
2 tomates cœur de bœuf
2 oignons
1 bouquet de coriandre
5 cuillerées à soupe d'huile d'olive
2 cuillerées à soupe de vinaigre de cidre
1 cuillerée à soupe de sirop d'agave
Sel et poivre

1. Préchauffez le four à 200 °C (th. 6-7). Coupez les oignons en rondelles. Faites-les revenir à feu moyen dans une poêle avec 1 cuillerée à soupe d'huile d'olive jusqu'à ce qu'ils deviennent translucides. Ajoutez le sirop d'agave, le vinaigre et 2 cuillerées à soupe d'eau. Baissez le feu, couvrez et laissez compoter 15 à 20 minutes en remuant de temps en temps.

2. Répartissez le reste d'huile d'olive sur les pains pita et étalez le mélange zaatar. Disposez les pains sur une plaque de cuisson recouverte de papier sulfurisé. Enfournez et faites cuire 5 minutes.

3. Sortez les pains du four puis garnissez-les de compotée d'oignons et de rondelles de tomate. Parsemez de tiges de coriandre ; salez et poivrez légèrement. Servez aussitôt.

MUFFINS AUX FRAMBOISES
et aux amandes

ÉTÉ

POUR 12 MUFFINS
PRÉPARATION : 10 MIN
CUISSON : 15 MIN

250 g de framboises
80 g de poudre d'amandes
30 g d'amandes effilées
200 g de farine
½ sachet de levure chimique
2 œufs
100 g de beurre fondu
100 g de sucre semoule
½ cuillerée à café de sel

* * *

1. Préchauffez le four à 180 °C (th. 6). Dans un saladier, mélangez la farine, la poudre d'amandes, le sel et la levure.
2. Dans un autre saladier, battez vivement les œufs avec le sucre et le beurre fondu. Versez sur le mélange à base de farine et fouettez le tout. Incorporez délicatement les framboises.
3. Répartissez la préparation dans des moules à muffins en les remplissant à moitié. Parsemez d'amandes effilées. Enfournez et faites cuire pendant 15 minutes.

Astuce

Vous pouvez remplacer les framboises par d'autres fruits rouges ou par des dés de pommes.

TARTE AUX ABRICOTS *et au yaourt*

POUR 1 GRANDE TARTE
PRÉPARATION : 20 MIN
CUISSON : 30 MIN
REPOS : 20 MIN

Pâte sablée :
110 g de farine semi-complète T80
30 g d'amandes
1 jaune d'œuf
60 g de beurre ramolli
50 g de sucre semoule
1 pincée de sel

Garniture :
12 gros abricots
50 g d'amandes
120 g de yaourt de brebis
1 œuf
80 g de sucre semoule

1. Dans une poêle, torréfiez à sec les amandes. Mixez-les pour les réduire en fine poudre.
2. Dans un saladier, mélangez la farine avec la poudre d'amandes, le sucre, le jaune d'œuf et le sel. Incorporez le beurre puis malaxez afin d'obtenir une pâte homogène. Formez une boule et étalez-la au rouleau. Déposez la pâte dans un moule à tarte. Piquez le fond avec une fourchette puis réfrigérez 20 minutes.
3. Préchauffez le four à 200 °C (th. 6-7). Enfournez la pâte à blanc et faites cuire 10 minutes.
4. Dans un saladier, fouettez le yaourt avec la moitié de la poudre d'amandes, l'œuf et 30 g de sucre. Étalez ce mélange sur la pâte précuite.
5. Disposez les abricots en quartiers, puis saupoudrez de sucre et d'amandes. Enfournez 20 minutes.

PASTILLAS AUX FRUITS *et fleur d'oranger*

POUR 6 PERSONNES
PRÉPARATION : 25 MIN
CUISSON : 6 À 8 MIN

5 feuilles de brick
1 pomme golden
2 pêches
20 fraises
3 fines tranches d'ananas
4 kiwis
6 prunes
6 cuillerées à soupe de crème fraîche
6 cuillerées à soupe de miel
Quelques gouttes d'eau de fleur d'oranger
Le jus de 1 citron
30 g de beurre fondu

Décoration :
Pistaches concassées
Sucre glace

1. Préchauffez le four à 180 °C (th. 6). Pelez la pomme et les kiwis. Coupez les fruits en fines lamelles.
2. Préparez le sirop : dans une casserole, délayez le miel avec un peu d'eau. Ajoutez l'eau de fleur d'oranger et le jus de citron. Faites chauffer jusqu'à ébullition. Laissez refroidir puis mélangez à la crème.
3. Découpez chaque feuille de brick en 4 triangles. Badigeonnez-les de beurre fondu et déposez-les sur une plaque à pâtisserie recouverte de papier sulfurisé. Enfournez 6 à 8 minutes.
4. Sur 1 triangle de pastilla, étalez une fine couche de crème puis recouvrez de fruits. Déposez un deuxième triangle de pastilla et répétez l'opération. Terminez avec un troisième triangle de pastilla. Réalisez les autres millefeuilles.
5. Juste avant de servir, saupoudrez les pastillas de sucre glace et parsemez d'éclats de pistaches.

★ AUTOMNE ★

FINANCIERS AU CHÈVRE
et aux figues

POUR 8 FINANCIERS
PRÉPARATION : 20 MIN
CONGÉLATION : 45 MIN
CUISSON : 15 MIN

2 grosses figues moelleuses
1 gros crottin de chèvre
65 g de poudre d'amandes
4 blancs d'œufs
65 g de farine
½ sachet de levure chimique
65 g de beurre
+ un peu pour les moules
Sel

★★★

Astuce
Vous pouvez remplacer le fromage de chèvre par du gorgonzola.

1. Faites fondre le beurre dans une casserole jusqu'à ce qu'il devienne couleur noisette. Filtrez-le et laissez-le refroidir.
2. Dans un saladier, mélangez la farine, la levure, la poudre d'amandes et 2 pincées de sel. Ajoutez les blancs d'œufs, puis incorporez le beurre refroidi. Placez la préparation 45 minutes au congélateur (ou 3 heures au réfrigérateur).
3. Préchauffez le four à 180 °C (th. 6). Versez la préparation dans des moules à financiers beurrés en les remplissant aux trois quarts.
4. Coupez le crottin de chèvre et les figues en petits dés puis répartissez-les sur la surface des financiers en les enfonçant légèrement dans la pâte.
5. Enfournez les financiers et faites cuire 15 minutes. Laissez-les tiédir avant de démouler.

POIRES RÔTIES
à la mousse de roquefort

POUR 4 PERSONNES
PRÉPARATION : 20 MIN
CUISSON : 5 MIN

8 demi-poires au sirop en boîte
180 g de roquefort
1 cuillerée à café de gingembre frais râpé
15 cl de crème liquide entière très froide
25 g de beurre
3 cuillerées à soupe d'huile d'olive
Sel et poivre

1. Égouttez les poires en conservant le sirop.
2. Faites chauffer légèrement l'huile d'olive dans une casserole. Éteignez le feu et ajoutez la moitié du gingembre. Laissez refroidir.
3. Fouettez la crème liquide en chantilly bien ferme. Placez-la au réfrigérateur.
4. Écrasez le roquefort dans un bol. Ajoutez le reste de gingembre, 3 cuillerées à soupe du sirop des poires, du sel et du poivre, puis mélangez la préparation afin qu'elle soit légèrement lisse. Incorporez-la à la chantilly pour obtenir une mousse.
5. Dans une poêle, faites dorer les demi-poires avec le beurre 5 à 7 minutes sur feu moyen.
6. Déposez 2 demi-poires rôties sur chaque assiette ; laissez-les tiédir. Garnissez-les ensuite avec une quenelle de mousse de roquefort. Arrosez d'huile au gingembre et dégustez.

FIGUES RÔTIES
à la feta

POUR 4 PERSONNES
PRÉPARATION : 10 MIN
CUISSON : 15 MIN

12 figues
12 cubes de feta
Quelques brins de thym frais
1 cuillerée à soupe de vinaigre balsamique
3 cuillerées à soupe d'huile d'olive + un peu pour arroser les figues
4 poignées de mâche ou d'une autre salade à petites feuilles
Sel et poivre

* * *

Astuce
Vous pouvez remplacer la feta par du crottin de Chavignol.

1. Préchauffez le four à 180 °C (th. 6). Ôtez le pédoncule des figues et nettoyez-les. Entaillez-les en croix, sans couper leur base. Glissez 1 cube de feta dans chaque incision.

2. Disposez les figues garnies dans un plat allant au four. Arrosez-les d'un filet d'huile d'olive. Salez et poivrez.

3. Effeuillez le thym. Parsemez-en les figues avant d'enfourner le plat pour 10 à 15 minutes.

4. Mélangez le vinaigre balsamique avec l'huile d'olive. Versez cette sauce sur la mâche dans un saladier et mélangez. Servez les figues entourées de salade.

CHAMPIGNONS FARCIS
aux tomates séchées et à la roquette

POUR 4 PERSONNES
PRÉPARATION : 10 MIN
CUISSON : 2 MIN

12 gros champignons
1 pot de tomates séchées conservées dans l'huile
80 g de roquette
40 g de pignons de pin
40 g de parmesan
3 cuillerées à soupe d'huile d'olive
1 cuillerée à soupe de vinaigre balsamique
Sel et poivre

1. Nettoyez les champignons et retirez les pieds. Égouttez les tomates et concassez-les.
2. Dans une poêle chaude sans matière grasse, faites dorer les pignons de pin quelques instants. À l'aide d'un économe, réalisez des copeaux de parmesan.
3. Dans un bol, émulsionnez l'huile avec le vinaigre à la fourchette. Mélangez la roquette, les pignons de pin, les tomates confites et le parmesan dans un saladier.
4. Versez la vinaigrette par-dessus et mélangez bien. Farcissez l'intérieur des champignons de cette préparation. Dégustez froid.

SALADE DE COURGES *rôties*

POUR 4 PERSONNES
PRÉPARATION : 30 MIN
CUISSON : 35 MIN
RÉFRIGÉRATION : 20 MIN

400 g de courge (potimarron ou butternut)
250 g de roquette
1/2 grenade
120 g de feta
40 g de noix de pécan
3 cuillerées à soupe d'huile d'olive

Vinaigrette :
5 cuillerées à soupe d'huile d'olive
2 cuillerées à soupe de vinaigre balsamique
1 cuillerée à soupe de miel
1 cuillerée à café de moutarde en grains
Sel et poivre

1. Préchauffez le four à 180 °C (th. 6). Brossez la courge sous l'eau pour ôter les résidus de terre. Coupez-la en deux, retirez les graines et les filaments. Taillez la courge en tranches.

2. Recouvrez une plaque de cuisson de papier sulfurisé, déposez les tranches de courge, versez un filet d'huile d'olive et salez. Enfournez pendant 30 minutes, puis sortez la plaque du four et laissez refroidir.

3. Lavez et essorez la roquette. Détachez les graines à l'intérieur de la demi-grenade. Émiettez la feta. Dans une poêle sans matière grasse, faites dorer les noix de pécan et laissez refroidir.

4. Préparez la sauce. Dans un saladier, réunissez tous les ingrédients et émulsionnez à l'aide d'un fouet. Ajoutez dans la sauce, les légumes, la roquette, les noix de pécan et la feta. Mélangez et placez au frais 20 minutes avant de déguster.

SALADE DE BETTERAVES *multicolores, grenade et noix*

POUR 4 PERSONNES
PRÉPARATION : 30 MIN
CUISSON : 1 H

1 betterave jaune crue
1 betterave blanche crue
1 betterave chioggia crue
1 betterave crapaudine crue
30 g de noix
1 grenade
100 g de quinoa rouge
100 g de quinoa blanc
2 cuillerées à soupe de sirop d'érable
1 cuillerée à soupe de vinaigre de cidre
3 cuillerées à soupe d'huile de noix
Sel et poivre

★★★

1. Faites cuire les betteraves à l'eau bouillante séparément pendant 1 heure jusqu'à ce qu'un couteau s'enfonce facilement dans la chair.
2. Dans une poêle, faites chauffer le sirop d'érable afin de bien le liquéfier. Ajoutez les noix et remuez pour bien les enrober. Faites chauffer 3 à 5 minutes jusqu'à ce que le sirop commence à cristalliser. Laissez refroidir.
3. Faites cuire les quinoas ensemble dans une casserole d'eau (2 fois leur volume) 12 minutes à couvert. Égouttez si besoin et laissez refroidir.
4. Dans un bol, mélangez l'huile, le vinaigre, le sel et du poivre. Ouvrez la grenade et récupérez les graines. Égouttez les betteraves et pelez-les. Coupez-les en cubes.
5. Dans un saladier, mélangez les quinoas, les cubes de betterave et les graines de grenade. Arrosez de vinaigrette et parsemez de noix caramélisées hachées. Servez bien frais.

Astuce

Vous pouvez remplacer les noix par des noix de macadamia.

TABOULÉ DE BOULGOUR *à la betterave*

POUR 4 PERSONNES
PRÉPARATION : 20 MIN
CUISSON : 8 MIN
RÉFRIGÉRATION : 1 H

250 g de boulgour
1 betterave cuite moyenne
1 gros crottin de chèvre légèrement sec
8 feuilles de menthe
4 cuillerées à soupe de jus de citron
5 cuillerées à soupe d'huile d'olive
Sel et poivre

1. Faites cuire le boulgour 8 minutes dans une casserole d'eau bouillante salée. Éteignez le feu et laissez le boulgour gonfler 10 minutes dans l'eau. Égouttez-le et rafraîchissez-le sous l'eau froide. Égouttez-le à nouveau.
2. Épluchez la betterave et coupez-la en petits cubes. Coupez le fromage de chèvre en petits cubes de la même taille. Ciselez la menthe.
3. Dans un saladier, mélangez le jus de citron avec du sel et du poivre. Versez l'huile d'olive en fouettant. Ajoutez le boulgour, les cubes de betterave et de chèvre et la menthe. Mélangez le tout. Placez le taboulé 1 heure au réfrigérateur avant de servir.

VELOUTÉ DE PANAIS
et champignons

POUR 4 PERSONNES
PRÉPARATION : 20 MIN
CUISSON : 20 MIN

4 panais
250 g de champignons de Paris
1 oignon
20 g de noisettes concassées
1 litre de lait de noisette
2 cuillerées à soupe d'huile d'olive
Sel et poivre

1. Émincez l'oignon. Épluchez et lavez les panais puis coupez-les en cubes. Ôtez l'extrémité du pied des champignons, puis rincez-les.

2. Faites chauffer l'huile dans une casserole puis faites revenir l'oignon jusqu'à ce qu'il devienne translucide. Ajoutez le panais et les champignons. Faites-les revenir 5 minutes en remuant pour bien les enrober d'huile. Versez le lait de noisette et portez à ébullition. Baissez le feu et laissez mijoter à couvert 15 à 20 minutes jusqu'à ce que le panais soit tendre.

3. Égouttez les légumes et mixez-les avec un peu de lait de cuisson. Ajustez ensuite la consistance du velouté en ajoutant plus ou moins de lait de cuisson selon votre goût. Salez et poivrez.

4. Répartissez le velouté dans 4 bols. Parsemez de noisettes concassées et servez.

RAVIOLIS DE CHAMPIGNONS
et bouillon à la citronnelle

POUR 4 PERSONNES
PRÉPARATION : 30 MIN
CUISSON : 35 MIN

24 ronds de pâte à gyoza
150 g de champignons de Paris
2 carottes
1 branche de céleri
1 oignon
1 gousse d'ail pelée, dégermée et hachée
1 bouquet garni
2 bâtons de citronnelle
4 clous de girofle
3 baies de genièvre
½ bouquet de persil plat lavé et haché
4 cuillerées à soupe d'huile d'olive

1. Coupez les champignons en petits cubes. Épluchez et coupez les carottes, les oignons et le céleri en tronçons. Ôtez les premières feuilles de la citronnelle puis émincez-la.

2. Faites chauffer 2 cuillerées à soupe d'huile d'olive dans une casserole puis faites revenir l'oignon, les carottes et le céleri 5 minutes. Ajoutez la citronnelle et laissez cuire 3 minutes. Versez 1,5 litre d'eau et portez à ébullition. Baissez le feu, ajoutez les clous de girofle, les baies de genièvre et laissez mijoter 30 minutes.

3. Faites chauffer le reste d'huile dans une poêle puis faites revenir l'ail 1 minute. Ajoutez les champignons et faites-les revenir 5 minutes en remuant. Hors du feu, ajoutez le persil.

4. Déposez 1 cuillerée à café de farce au milieu d'un rond de pâte à gyoza. Humidifiez le tour. Recouvrez d'un autre rond de pâte et soudez les bords. Réalisez les autres raviolis.

5. Filtrez le bouillon, salez et poivrez. Faites-le bouillir puis pochez les raviolis 2 minutes. Répartissez le tout dans des bols.

CROQUETTES DE POTIRON
à la farine de châtaigne

POUR 4 PERSONNES
PRÉPARATION : 30 MIN
CUISSON : 20 MIN

1 kg de potiron
2 oignons nouveaux
1 cuillerée à soupe de cannelle en poudre
1 pot de sauce chili douce
30 g de farine de châtaigne
30 g de farine de blé
4 cuillerées à soupe d'huile d'olive
Sel et poivre

1. Épluchez le potiron et retirez les graines. Coupez la chair en gros cubes. Pelez les oignons nouveaux en gardant un peu de vert et ciselez-les.

2. Faites fondre les oignons dans une poêle avec 2 cuillerées à soupe d'huile d'olive. Ajoutez les cubes de potiron et faites-les revenir 5 minutes. Couvrez d'eau à hauteur, salez et saupoudrez de cannelle. Laissez mijoter 15 minutes à feu doux jusqu'à ce que le potiron soit bien tendre.

3. Égouttez le potiron et écrasez-le à la fourchette dans un saladier pour le réduire en purée. Ajoutez les farines, salez, poivrez et mélangez. Façonnez des galettes avec vos mains.

4. Faites chauffer le reste d'huile dans une poêle puis faites dorer les croquettes sur toutes les faces pendant 5 minutes.

5. Servez les croquettes avec la sauce chili, accompagnées d'une petite salade verte.

GALETTES DE POLENTA
et fricassée de chanterelles

POUR 4 PERSONNES
PRÉPARATION : 20 MIN
CUISSON : 30 MIN
REPOS : 10 MIN

120 g de polenta
250 g de chanterelles
1 gousse d'ail
Quelques brins de persil plat
50 g de parmesan fraîchement râpé
8 cuillerées à soupe de sauce tomate
50 cl de lait
40 g de beurre
Huile d'olive
Sel et poivre

1. Dans une casserole, portez le lait à ébullition avec 1 pincée de sel. Versez la polenta en pluie en remuant. Faites épaissir à feu doux. Hors du feu, incorporez le beurre et le parmesan ; poivrez.

2. Étalez la polenta dans un plat et lissez une couche de 1 cm d'épaisseur. Laissez reposer 10 minutes. Préchauffez le four à 180 °C (th. 6).

3. Dans la polenta, découpez des cercles à l'emporte-pièce. Disposez-les sur une plaque recouverte de papier sulfurisé puis badigeonnez-les d'huile d'olive. Enfournez la polenta 20 minutes. En fin de cuisson, faites-la dorer 2 minutes sous le gril du four.

4. Ôtez l'extrémité des chanterelles. Pelez et hachez l'ail. Ciselez le persil. Faites chauffer un filet d'huile dans une poêle puis faites revenir les chanterelles avec l'ail 3 minutes à feu moyen. Salez et poursuivez la cuisson 3 minutes à feu doux. Parsemez de persil et poivrez.

5. Réchauffez la sauce tomate. Servez la polenta avec les chanterelles et la sauce tomate.

BUTTERNUT RÔTIE
au chou et sarrasin

POUR 4 PERSONNES
PRÉPARATION : 25 MIN
CUISSON : 1 H 15

1 courge butternut
200 g de riz sauvage
¼ de chou vert ou de chou kale
40 g de graines de sarrasin kasha
1 cuillerée à soupe de quatre-épices
4 cuillerées à soupe d'huile de noisette
Sel et poivre

1. Préchauffez le four à 200 °C (th. 6-7). Rincez le riz puis faites-le cuire 40 minutes dans un grand volume d'eau bouillante salée.

2. Mélangez 2 cuillerées à soupe d'huile de noisette avec le quatre-épices.

3. Pelez et coupez la courge en deux dans la longueur. Épépinez-la et détaillez-la en fines tranches. Déposez les tranches sur une plaque de cuisson recouverte de papier sulfurisé. Badigeonnez-les avec l'huile parfumée. Enfournez 30 minutes.

4. Retirez le cœur et les premières feuilles de chou. Coupez-le en lanières. Faites chauffer le reste d'huile de noisette dans une poêle puis faites cuire les lanières de chou 5 minutes en remuant.

5. Torréfiez les graines de sarrasin à sec 2 minutes.

6. Retirez la courge du four. Égouttez le riz et mélangez-le à la courge et au chou. Parsemez de graines de sarrasin. Salez et poivrez.

LÉGUMES RÔTIS
à la sauce citron

POUR 4 PERSONNES
PRÉPARATION : 10 MIN
CUISSON : 40 MIN

4 pommes de terre
½ potimarron bio
1 bulbe de fenouil
1 navet
1 carotte
1 tête d'ail
2 brins de thym
1 cuillerée à soupe d'huile d'olive
Sel et poivre

Sauce citron :
Le jus de 1 citron
100 g de yaourt à la grecque
Quelques brins de persil plat
Quelques brins de ciboulette
2 cuillerées à soupe d'huile d'olive
Sel et poivre

1. Préchauffez le four à 180 °C (th. 6). Pelez et lavez les pommes de terre, la carotte et le navet. Grattez la peau du potimarron et retirez les pépins. Ôtez les premières feuilles du fenouil. Taillez les légumes en dés et déposez-les dans un saladier.

2. Détachez les gousses de la tête d'ail en gardant la peau. Ajoutez-les dans le saladier. Versez l'huile d'olive par-dessus et salez. Mélangez afin que les légumes et l'ail soient bien enrobés.

3. Disposez les légumes et l'ail sur une plaque recouverte de papier sulfurisé. Ajoutez le thym et poivrez. Enfournez 40 minutes.

4. Préparez la sauce au citron : ciselez le persil et la ciboulette, puis mélangez-les au yaourt. Ajoutez le jus de citron, l'huile, du sel et du poivre en fouettant pour bien homogénéiser la sauce. Dégustez les légumes rôtis avec la sauce.

PETITES COURGES GRATINÉES *aux champignons*

POUR 4 PERSONNES
PRÉPARATION : 30 MIN
CUISSON : 30 MIN

4 mini-courges à farcir (pomme d'or, pâtisson ou patidou)
400 g de champignons mélangés (pleurotes, girolles, trompettes-de-la-mort, champignons de Paris…)
1 échalote
1 gousse d'ail
½ bouquet de persil plat
4 cuillerées à soupe de crème fraîche
1 pincée de noix de muscade
Huile d'olive
Sel et poivre

1. Ôtez le pied des champignons, nettoyez-les puis coupez-les en deux ou en quatre. Hachez l'ail et l'échalote. Ciselez le persil.
2. Coupez la partie supérieure des courges. Faites-les cuire avec leur chapeau 15 minutes à la vapeur.
3. À l'aide d'une petite cuillère, retirez les graines délicatement. Salez légèrement l'intérieur. Préchauffez le four à 210 °C (th. 7).
4. Faites chauffer un filet d'huile d'olive dans une poêle puis faites revenir les champignons avec l'ail et l'échalote 5 minutes à feu moyen. Salez, poivrez, parsemez de persil et poursuivez la cuisson 1 minute. Hors du feu, ajoutez la crème fraîche et la noix de muscade.
5. Farcissez les courges avec la préparation aux champignons puis couvrez avec les chapeaux. Disposez-les dans un plat à gratin. Enfournez et faites cuire 10 minutes. Retirez les chapeaux et passez les courges sous le gril du four 3 minutes pour faire gratiner.

RIZ VINAIGRÉ *coloré*

POUR 4 PERSONNES
PRÉPARATION : 20 MIN
CUISSON : 12 MIN
REPOS : 10 MIN

Riz vinaigré :
450 g de riz rond semi-complet
4 cuillerées à soupe de vinaigre de riz
2 cuillerées à soupe de sucre semoule
1 cuillerée à café de sel

Garniture :
1 carotte
1 avocat
½ betterave crue
4 œufs
Quelques brins de coriandre
½ cuillerée à café de gingembre frais râpé
2 cuillerées à soupe de gomashio (mélange de graines de sésame et de sel)
1 filet d'huile d'arachide
1 pincée de sel

1. Rincez le riz dans plusieurs eaux jusqu'à ce que l'eau soit limpide. Égouttez-le et déposez-le dans une casserole avec 90 cl d'eau. Couvrez, portez à ébullition puis laissez cuire 12 minutes à feu doux. Retirez du feu et laissez reposer 10 minutes.

2. Dans une casserole, faites fondre le sucre et le sel avec le vinaigre à feu très doux. Versez la préparation vinaigrée sur le riz et mélangez délicatement. Réservez.

3. Battez les œufs dans un bol avec la pincée de sel. Faites chauffer l'huile dans une poêle antiadhésive puis versez les œufs battus. Dès qu'ils commencent à prendre, mélangez avec une spatule. Retirez la poêle du feu avant que le mélange soit complètement cuit et débarrassez.

4. Épluchez la carotte et la betterave puis mixez-les. Coupez les avocats en dés. Ciselez la coriandre.

5. Incorporez la carotte et la betterave, le gingembre, le gomashio et la coriandre au riz vinaigré. Garnissez de dés d'avocat et d'œufs brouillés.

SPAGHETTIS NOIRS
aux légumes croquants

POUR 4 PERSONNES
PRÉPARATION : 20 MIN
CUISSON : 10 MIN

280 g de spaghettis à l'encre de seiche
300 g de chou romanesco ou de brocoli
1 carotte
2 oignons nouveaux
1 gousse d'ail
3 œufs
Le jus de 1 citron vert
2 cuillerées à soupe de sauce soja
1 cuillerée à soupe de graines de sésame
½ cuillerée à soupe de sirop d'agave ou de sucre de canne
1 ou 2 pincées de piment d'Espelette
1 cuillerée à soupe d'huile de sésame toasté ou d'huile de noisette
Huile de tournesol
½ cuillerée à soupe de vinaigre de riz
Sel

1. Faites cuire les spaghettis comme indiqué sur le paquet puis égouttez-les.
2. Hachez l'ail. Émincez les oignons. Détachez les bouquets du chou et coupez-les. Épluchez la carotte et coupez-la en julienne.
3. Dans un wok, faites chauffer un filet d'huile de tournesol. Cassez les œufs et mélangez de façon à obtenir des œufs brouillés. Réservez.
4. Versez un filet d'huile de tournesol dans le wok puis faites revenir le chou 5 minutes sur feu vif. Ajoutez l'ail, les oignons et les carottes et faites sauter 3 minutes. Assaisonnez de sauce soja, de jus de citron vert, de sirop d'agave, de vinaigre de riz et d'huile de sésame. Mélangez et faites sauter 2 minutes. Ajoutez les spaghettis. Hors du feu, incorporez les œufs brouillés.
5. Déposez la préparation sur un plat. Parsemez de graines de sésame et saupoudrez de piment.

COUSCOUS *aux légumes*

POUR 4 PERSONNES
PRÉPARATION : 15 MIN
CUISSON : 25 MIN
REPOS : 5 MIN

250 g de semoule complète
2 carottes épluchées
2 courgettes
2 navets épluchés
1 panais épluché
1 branche de céleri
½ chou-fleur
400 g de potimarron
2 oignons pelés et émincés
1 tomate pelée
1 bouquet de coriandre
200 g de pois chiches cuits
1,2 litre de bouillon de légumes
1 cuillerée à soupe de concentré de tomates
2 cuillerées à soupe d'amandes effilées
1 cuillerée à soupe de ras-el-hanout
½ cuillerée à café de paprika
½ cuillerée à café de cumin en poudre
Huile d'olive
Sel et poivre

1. Coupez les carottes, le panais, les courgettes et le céleri en tronçons. Coupez les tomates, les navets et la chair du potimarron en dés. Coupez les bouquets du chou-fleur en quatre. Ciselez la coriandre.
2. Dans une cocotte, faites chauffer 1 cuillerée à soupe d'huile puis faites revenir les oignons avec les épices 1 minute. Ajoutez la tomate, les carottes, le panais, le potimarron, les navets, le céleri et le concentré de tomates. Faites revenir 2 minutes. Versez le bouillon et salez. Portez à ébullition puis laissez mijoter 5 minutes à feu doux. Ajoutez les courgettes et le chou-fleur et poursuivez la cuisson 10 minutes. Incorporez les pois chiches et faites mijoter 5 minutes. Hors du feu, parsemez de coriandre et assaisonnez.
3. Dans une casserole, portez à ébullition 25 cl d'eau. Déposez la semoule dans un saladier. Versez l'eau bouillante, couvrez et laissez gonfler 5 minutes. Arrosez d'un filet d'huile, salez et égrainez la semoule. Incorporez les amandes.
4. Disposez les légumes avec un peu de bouillon dans un plat creux. Dégustez avec la semoule.

TARTELETTES DE COURGETTES *et chèvre frais*

POUR 6 TARTELETTES
PRÉPARATION : 10 MIN
CUISSON : 30 MIN

250 g de pâte brisée
2 courgettes
1 petit fromage de chèvre frais
1 oignon
1 cuillerée à soupe d'huile d'olive
Sel et poivre

1. Préchauffez le four à 190 °C (th. 6-7). Abaissez la pâte sur le plan de travail fariné puis découpez 6 disques de la taille de vos moules à tartelette. Piquez-les avec une fourchette puis déposez 1 disque dans chaque moule tapissé de papier sulfurisé. Enfournez à blanc 8 minutes.

2. Coupez 1 courgette en dés. Émincez l'oignon. Dans une poêle, faites revenir les dés de courgette et l'oignon avec l'huile d'olive 5 minutes à feu moyen. Mixez le mélange courgette-oignon avec le fromage de chèvre et du poivre afin d'obtenir une texture bien lisse.

3. Étalez cette préparation sur les fonds de tartelettes précuits. Coupez l'autre courgette en rondelles. Répartissez-les en rosace sur les tartelettes, salez et poivrez. Enfournez les tartelettes et laissez cuire 20 minutes.

TARTE AUX NOIX
et au bleu

POUR 1 TARTE DE 30 CM
PRÉPARATION : 10 MIN
CUISSON : 25 MIN

1 pâte feuilletée prête à l'emploi
50 g de cerneaux de noix
25 g de condiment aux noix
80 g de bleu d'Auvergne
150 g de champignons de Paris
1 cuillerée à soupe de vinaigre balsamique blanc ou rouge
1 filet d'huile d'olive
Sel et poivre

1. Préchauffez le four à 180 °C (th. 6). Déroulez la pâte feuilletée et déposez-la dans le moule à tarte. Piquez le fond avec une fourchette. Enfournez à blanc et faites cuire 10 minutes. Pendant ce temps, réservez quelques cerneaux de noix pour la décoration et mixez le reste avec le vinaigre, du sel et du poivre.

2. Ôtez le pied des champignons ; nettoyez-les sous un filet d'eau froide puis coupez-les en lamelles. Coupez le bleu d'Auvergne en fines tranches. Étalez les noix mixées sur le fond de pâte précuit.

3. Garnissez de bleu d'Auvergne et de champignons. Concassez grossièrement les cerneaux de noix restants et éparpillez-les sur la tarte. Arrosez d'un filet d'huile d'olive. Enfournez pour 15 minutes.

TARTE À LA TOMATE *et au gingembre*

POUR 1 TARTE DE 30 CM
PRÉPARATION : 5 MIN
CUISSON : 45 MIN

1 pâte feuilletée prête à l'emploi
4 tomates pelées
1 cuillerée à soupe de gingembre frais râpé
½ bouquet de coriandre
1 cuillerée à soupe de graines de sésame
2 échalotes
1 cuillerée à soupe de sauce soja
1 cuillerée à soupe d'huile d'olive
1 filet d'huile de sésame grillé

1. Préchauffez le four à 180 °C (th. 6). Coupez les tomates pelées en dés. Émincez les échalotes. Ciselez finement la coriandre.

2. Réalisez une sauce tomate : dans une casserole, faites revenir les échalotes et le gingembre avec l'huile d'olive 2 minutes à feu moyen. Ajoutez les tomates et la sauce soja. Couvrez et laissez cuire 15 minutes à feu doux. Déroulez la pâte feuilletée et déposez-la dans le moule à tarte.

3. Piquez le fond avec une fourchette. Enfournez à blanc et 10 minutes. Étalez la sauce tomate sur la pâte précuite. Arrosez d'un filet d'huile de sésame et saupoudrez de graines de sésame.

4. Enfournez et laissez cuire 20 minutes. À la sortie du four, éparpillez la coriandre sur la tarte et servez.

FLAMICHE AUX POIREAUX *crémeux*

POUR 6 PERSONNES
PRÉPARATION : 30 MIN
REPOS : 2 H
CUISSON : 30 MIN

Pâte brisée :
2 jaunes d'œufs
500 g de farine tamisée
10 cl de lait
260 g de beurre à température ambiante coupé en petits morceaux + 20 g pour le moule
4 pincées de sel fin

Garniture :
1 kg de poireaux
1 œuf délié + 1 jaune pour la dorure
1 râpée de noix de muscade
10 cl de crème fraîche épaisse
40 g de beurre + 20 g pour le moule
Sel et poivre

1. Préparez la pâte brisée : dans un saladier, travaillez le beurre jusqu'à obtenir une crème. Ajoutez le sel, les jaunes d'œufs et le lait et mélangez. Versez la farine sur un plan de travail et incorporez le mélange précédent à la pâte. Lorsque la pâte forme une boule, filmez et laissez reposer 2 heures au réfrigérateur.

2. Émincez les poireaux en rondelles de 1 cm. Faites fondre le beurre dans une sauteuse et faites suer les poireaux 5 minutes. Salez, poivrez et ajoutez 1 râpée de noix de muscade. Ajoutez la crème fraîche et l'œuf. Mélangez bien.

3. Partagez la pâte en deux et abaissez 2 cercles. Préchauffez le four à 210 °C (th. 7).

4. Beurrez une tourtière de 25 cm de diamètre. Foncez le moule avec l'une des abaisses de pâte. Piquez la surface à la fourchette. Répartissez les poireaux. Recouvrez avec le deuxième cercle de pâte puis soudez et ourlez les bords. Découpez une cheminée dans le couvercle. Dorez avec le jaune d'œuf mélangé à 1 cuillerée à soupe d'eau. Enfournez pour 30 minutes.

FRITTATA DE RATATOUILLE *au parmesan*

POUR 4 PERSONNES
PRÉPARATION : 5 MIN
CUISSON : 14 MIN

200 g de ratatouille
4 œufs
15 g de parmesan
1 filet d'huile d'olive
Sel et poivre

1. Dans un saladier, battez les œufs avec du sel et du poivre. Dans une poêle pouvant passer au four, faites chauffer l'huile d'olive.

2. Versez les œufs battus et laissez cuire 1 minute à feu moyen. Répartissez la ratatouille sur l'ensemble de la poêle et faites cuire 12 minutes à feu doux sans toucher à l'omelette.

3. Passez la frittata 2 minutes sous le gril du four. Servez aussitôt.

BURGERS AU TOFU
avec frites maison

POUR 4 BURGERS
PRÉPARATION : 25 MIN
CUISSON : 30 MIN

4 pains à hamburger
1 petite poignée de salade
1 tomate en rondelles
¼ de concombre en rondelles

Steaks de tofu :
200 g de tofu ferme égoutté
1 carotte râpée
1 échalote finement émincée
½ bouquet de persil plat
2 cuillerées à soupe de miso
2 cuillerées à soupe de purée de sésame (tahin)
1 cuillerée à soupe de farine
Huile d'olive
Sel et poivre

Frites :
2 panais
1 patate douce
Huile neutre pour la friture

1. Réalisez les steaks de tofu : dans un robot, déposez le tofu, le persil effeuillé, le miso, la purée de sésame et la farine. Débarrassez dans un saladier. Salez, poivrez puis incorporez la carotte râpée et l'échalote. Avec la préparation, façonnez 4 steaks. Faites-les dorer dans une poêle.
2. Pelez les panais et la patate douce puis coupez-les en bâtonnets. Faites chauffer l'huile de friture à 170 °C. Plongez les bâtonnets de légumes dans le bain de friture et faites frire jusqu'à ce qu'ils prennent une couleur dorée (5 minutes environ). Égouttez-les sur du papier absorbant. Salez.
3. Coupez les pains à hamburger en deux et toastez-les.
4. Déposez des feuilles de salade sur le talon des pains, 1 steak de tofu puis des rondelles de tomate et de concombre. Nappez de ketchup puis recouvrez avec le chapeau des pains.

TARTE AUX PRALINES *vanillée*

POUR 6 PERSONNES
PRÉPARATION : 30 MIN
REPOS : 2 H
CUISSON : 10 MIN

Pâte sablée :
250 g de farine
1 œuf
30 g de poudre d'amande
Les graines d'une gousse de vanille
160 g de beurre demi-sel à température ambiante + 20 g pour le moule
100 g de sucre glace
2 pincées de sel

Garniture :
250 g de pralines roses
250 g de crème fleurette

★★★

Astuce

Choisissez des pralines avec un pourcentage élevé d'amande, votre tarte en sera d'autant plus savoureuse.

1. Préparez la pâte. Travaillez la farine avec le beurre en petits morceaux, le sel et le sucre glace. Vous devez obtenir un résultat sableux. Ajoutez la poudre d'amande et mélangez. Disposez en fontaine et incorporez l'œuf et les graines de vanille. Mélangez sans trop malaxer. Lorsque la pâte est homogène, formez une boule et aplatissez légèrement. Filmez et réservez au moins 2 heures au réfrigérateur.

2. Préchauffez le four à 150 °C (th. 5). Abaissez la pâte et foncez dans un moule préalablement beurré. Piquez le fond et les côtés. Recouvrez de papier sulfurisé et de billes de cuisson ou de haricots secs pour cuire le fond de tarte 25 minutes. Laissez refroidir.

3. Portez la crème à ébullition et ajoutez les pralines concassées. Continuez la cuisson 5 minutes.

4. Préchauffez le four à 180 °C (th. 6). Versez la garniture sur le fond de tarte et enfournez pour 10 minutes. Laissez refroidir et dégustez.

CRÊPES ROULÉES *aux fruits secs*

POUR 12 À 15 CRÊPES
PRÉPARATION : 25 MIN
CUISSON : 40 MIN
REPOS : 1 H

220 g de farine
2 œufs
50 cl de lait
50 g de beurre fondu
1 sachet de sucre vanillé
1 cuillerée à soupe de sucre semoule
Huile pour la cuisson

Garniture :
120 g d'abricots séchés
120 g de figues séchées
50 g de noix
Quelques amandes effilées grillées
1 bâton de cannelle
5 cl de jus d'orange
50 g de sucre semoule

1. Faites gonfler les figues et les abricots séchés dans un bol d'eau chaude pendant 1 heure.

2. Dans un saladier, mélangez le lait avec le beurre fondu, les œufs, le sucre semoule, le sucre vanillé et la farine. Fouettez jusqu'à l'obtention d'une pâte fluide. Couvrez et laissez reposer 1 heure au frais.

3. Dans une poêle chaude légèrement huilée, versez une demi-louche de pâte. Recouvrez toute la surface et faites dorer la crêpe de chaque côté. Réalisez les autres crêpes. Égouttez les abricots et les figues et coupez-les en petits dés.

4. Concassez les noix. Dans une casserole, mélangez le jus d'orange, les dés de fruits secs, le sucre et la cannelle. Laissez chauffer à feu doux quelques minutes en remuant. Ajoutez les noix et mélangez jusqu'à caramélisation. Laissez refroidir puis retirez le bâton de cannelle.

5. Farcissez les crêpes de fruits secs et roulez-les. Parsemez d'amandes effilées grillées et servez.

HIVER

SABLÉS AU GOUDA VIEUX
et au cumin

POUR 6 PERSONNES (12 SABLÉS)
PRÉPARATION : 10 MIN
CUISSON : 15 MIN

100 g de gouda vieux
100 g de beurre demi-sel
150 g de farine
1 cuillerée à café de graines de cumin

1. Préchauffez le four à 180 °C (th. 6). Mixez le gouda à l'aide d'un robot ménager afin de le réduire en une fine poudre. Taillez le beurre en petits dés.

2. Dans un saladier, mélangez la poudre de gouda, le beurre et la farine avec les doigts jusqu'à obtention d'une pâte homogène.

3. Formez des petits sablés avec la pâte et posez-les au fur et à mesure sur une plaque à pâtisserie antiadhésive ou tapissée de papier sulfurisé. Vous devez obtenir au moins 12 sablés.

4. Parsemez les sablés de graines de cumin. Appuyez légèrement pour les faire adhérer.

5. Enfournez les sablés pour 12 à 15 minutes de cuisson, jusqu'à ce qu'ils soient juste dorés.

BOUCHÉES AU CAMEMBERT *croustillantes*

POUR 4 PERSONNES
PRÉPARATION : 15 MIN
CONGÉLATION : 10 MIN
CUISSON : 2 MIN

160 g de chapelure
1 camembert froid
2 œufs
1 grosse pincée de cannelle en poudre
60 g de farine
2 cuillerées à soupe de calvados
3 cuillerées à soupe de vinaigre de cidre
3 cuillerées à soupe de miel liquide
25 g de beurre
2 cuillerées à soupe d'huile végétale
1 litre d'huile pour la friture
Sel et poivre

1. Dans une assiette creuse, battez les œufs avec le calvados, la cannelle, l'huile végétale, du sel et du poivre. Versez la farine et la chapelure dans deux autres assiettes.

2. Coupez le camembert en 16 parts. Passez-les dans la farine, dans l'œuf battu puis dans la chapelure. Passez-les une seconde fois uniquement dans l'œuf battu puis la chapelure. Placez au congélateur pendant 10 minutes (ou 1 heure au réfrigérateur).

3. Faites bouillir le miel 20 secondes dans une casserole. Ajoutez le vinaigre, le beurre en petits morceaux, du sel et du poivre. Portez à ébullition 1 minute en fouettant. Laissez tiédir cette sauce.

4. Au dernier moment, faites chauffer l'huile de friture dans une casserole. Plongez les portions de camembert panées quelques secondes dans l'huile bien chaude pour qu'elles soient croustillantes. Égouttez-les sur du papier absorbant. Dégustez avec la sauce tiède ou froide.

BEIGNETS
de haricots blancs

POUR 4 PERSONNES
PRÉPARATION : 10 MIN
CUISSON : 5 MIN PAR FOURNÉE

250 g de haricots blancs en conserve
1 petit oignon
4 brins de coriandre ou de persil plat
80 g de farine
1 sachet de levure chimique
3 cuillerées à soupe d'huile d'olive
1 litre d'huile pour la friture
Sel et poivre

1. Hachez finement l'oignon. Effeuillez la coriandre. Égouttez les haricots dans une passoire et rincez-les sous l'eau froide.
2. Dans la cuve d'un robot, déposez les haricots, l'oignon, la coriandre, l'huile d'olive, du sel et du poivre. Mixez 2 minutes pour obtenir une pâte homogène. Débarrassez-la dans un saladier puis incorporez la farine et la levure.
3. Faites chauffer l'huile de friture dans une casserole. À l'aide de deux petites cuillères, formez des boules de pâte puis plongez-les dans l'huile chaude. Faites-les cuire 5 minutes environ jusqu'à ce qu'elles soient bien dorées (procédez par plusieurs fournées). Égouttez-les.
4. Salez les beignets et dégustez-les aussitôt avec une sauce aigre-douce au piment.

TOFU POÊLÉ
et sauce à l'ail

POUR 20 BOUCHÉES
PRÉPARATION : 10 MIN
CUISSON : 8 MIN

400 g de tofu ferme
2 gousses d'ail
10 cl de bouillon de légumes
3 cuillerées à soupe de sauce soja
5 cuillerées à soupe de fécule de pomme de terre
Quelques brins de ciboulette
15 g de beurre citron froid
Poivre rose
Huile de sésame grillé pour la cuisson

★★★

1. Égouttez le tofu 10 minutes. Dégermez et écrasez l'ail. Ciselez la ciboulette.
2. Mélangez la sauce soja, le bouillon de légumes et l'ail dans un bol.
3. Détaillez le tofu en 20 bouchées. Versez la fécule de pomme de terre dans une assiette.
4. Passez les bouchées de tofu dans la fécule puis faites-les dorer dans une poêle avec un filet d'huile de sésame 3 minutes de chaque côté. Versez la sauce à l'ail dans la poêle et mélangez pour que les bouchées de tofu soient bien enrobées. Laissez réduire 2 minutes à feu doux. Disposez les bouchées de tofu sur le plat de service et décorez de ciboulette.
5. Sortez le beurre citron du réfrigérateur et coupez-le en lamelles. Déposez-les aussitôt sur le tofu bien chaud pour qu'elles fondent. Saupoudrez de poivre rose et servez aussitôt.

Astuce

Variez les saveurs en remplaçant le beurre citron par un beurre au wasabi par exemple.

CAKE AU BROCOLI *et miso*

POUR 1 CAKE
PRÉPARATION : 25 MIN
CUISSON : 40 MIN

1 petite tête de brocoli
2 cuillerées à soupe rases de miso
200 g de farine de riz semi-complète ou de farine de blé
1 sachet de levure chimique
2 œufs
4 cuillerées à soupe de lait
10 cl d'huile d'olive + 1 cuillerée à soupe pour la cuisson
Sel et poivre
Beurre pour le moule

***

1. Préchauffez le four à 180 °C (th. 6). Lavez le brocoli et détachez les bouquets. Coupez-les en deux ou en quatre. Dans une poêle, faites revenir les brocolis avec 1 cuillerée à soupe d'huile d'olive 8 à 10 minutes à feu moyen. Salez.

2. Dans un saladier, mélangez la farine et la levure.

3. Dans un autre saladier, délayez le miso avec 2 cuillerées à soupe de lait. Ajoutez le reste de lait, les œufs et l'huile d'olive. Fouettez énergiquement le mélange puis versez-le sur la farine. Mélangez le tout afin d'obtenir une pâte homogène.

4. Incorporez les brocolis poêlés à la préparation au miso et poivrez.

5. Déposez la préparation dans un moule à cake beurré (ou chemisé de papier sulfurisé). Enfournez et faites cuire 40 minutes.

Astuce
Le miso étant très salé, ne dépassez pas les quantités indiquées.

SALADE DE MÂCHE *et pamplemousse*

POUR 4 PERSONNES
PRÉPARATION : 10 MIN
SANS CUISSON

100 g de mâche
1 pamplemousse rose
½ avocat
Quelques radis roses
1 poignée de noisettes grillées et concassées

Vinaigrette :
2 cuillerées à soupe de jus d'orange sanguine
1 cuillerée à soupe de jus de citron
2 cuillerées à soupe d'huile d'olive
1 cuillerée à café d'huile de noisette grillée
Sel et poivre

★★★

Astuce

Remplacez le pamplemousse par d'autres agrumes : orange sanguine, pomelo, mandarine…

1. Lavez soigneusement la mâche. Déposez-la dans un saladier.
2. Pelez à vif le pamplemousse. Placez-vous au-dessus du saladier (pour récupérer le jus) et prélevez les suprêmes.
3. Lavez et équeutez les radis puis coupez-les en fines rondelles. Pelez l'avocat et coupez-le en dés. Ajoutez le tout dans le saladier.
4. Réalisez la vinaigrette en émulsionnant les ingrédients dans un bol. Salez et poivrez.
5. Assaisonnez la salade de vinaigrette et saupoudrez de noisettes grillées.

TIMBALE DE QUINOA
aux amandes et chou rouge

POUR 4 PERSONNES
PRÉPARATION : 15 MIN
CUISSON : 20 MIN
REPOS : 10 MIN

200 g de quinoa
30 g d'amandes effilées
½ chou rouge
1 échalote
1 citron confit
1 bouquet de persil plat
Le jus de 1 citron
2 cuillerées à soupe d'huile d'olive
Sel et poivre

1. Rincez le quinoa et déposez-le dans une casserole. Recouvrez-le d'eau froide (1 fois et demi le volume du quinoa). Portez à ébullition puis faites cuire 15 minutes à feu doux. Salez et laissez reposer 10 minutes à couvert.

2. Dans une poêle antiadhésive, torréfiez à sec les amandes sur feu doux en remuant sans cesse, jusqu'à ce qu'elles commencent à dorer. Débarrassez-les sur une assiette.

3. Émincez l'échalote. Hachez le persil. Coupez le citron confit en petits dés. Émincez le chou.

4. Faites chauffer un filet d'huile dans la poêle puis faites revenir le chou et l'échalote 3 minutes à feu vif. Ajoutez le citron confit, salez et faites revenir encore 2 minutes. Parsemez de persil et poivrez.

5. Dans un plat de service, mélangez le quinoa avec la poêlée de chou, le jus de citron et 2 cuillerées à soupe d'huile d'olive. Parsemez d'amandes.

ŒUFS MOLLETS FRITS
à la noisette

POUR 4 PERSONNES
PRÉPARATION : 15 MIN
CUISSON : 5 MIN

120 g de noisettes
8 œufs
2 blancs d'œufs
200 g de jeunes pousses de salade
50 g de farine
1 grosse cuillerée à soupe de vinaigre de noix
3 cuillerées à soupe d'huile de noisette
1 litre d'huile pour la friture
Sel et poivre

1. Mixez les noisettes afin d'obtenir une poudre fine. Lavez et essorez la salade.

2. Dans un bol, mélangez le vinaigre avec du sel et du poivre. Ajoutez l'huile de noisette et fouettez.

3. Faites cuire les œufs 5 minutes dans une casserole d'eau bouillante salée afin qu'ils restent mollets. Égouttez-les et plongez-les aussitôt dans l'eau froide. Écalez-les délicatement.

4. Battez 30 secondes les blancs d'œufs dans une assiette creuse. Déposez la farine et les noisettes hachées dans deux autres assiettes. Passez successivement les œufs mollets dans la farine, les blancs d'œufs puis les noisettes hachées.

5. Faites chauffer l'huile de friture dans une casserole puis plongez les œufs panés 20 à 30 secondes afin qu'ils soient joliment dorés. Égouttez-les sur un papier absorbant et servez-les aussitôt avec la salade assaisonnée de vinaigrette.

BROCHETTES DE LÉGUMES
à la sauce satay

POUR 4 PERSONNES
PRÉPARATION : 15 MIN
CUISSON : 20 MIN
MARINADE : 20 MIN

12 gros champignons de Paris
2 poireaux
1 grosse patate douce

Sauce satay :
3 cuillerées à soupe de beurre de cacahuètes
1 gousse d'ail
2 cuillerées à soupe de sauce soja
2 cuillerées à soupe de jus de citron vert
20 cl de lait de coco
1 pincée de cumin
1 cuillerée à café de graines de coriandre
1 cuillerée à café de gingembre en poudre
1 pincée de piment en poudre
1 cuillerée à soupe de sucre semoule

1. Écrasez la gousse d'ail dans un mortier avec la sauce soja, le cumin, les graines de coriandre, le gingembre, le piment, le jus de citron et le sucre. Ajoutez le beurre de cacahuètes et mélangez. Versez petit à petit le lait de coco pour obtenir une sauce onctueuse. Faites chauffer à feu doux et laissez frémir 2 minutes. Réservez.

2. Ôtez le pied des champignons. Coupez les poireaux en 12 tronçons de 4 cm. Épluchez la patate douce et coupez-la en 12 cubes. Dans un saladier, recouvrez les légumes de sauce satay et mélangez. Laissez mariner 20 minutes au réfrigérateur. Préchauffez le four à 210 °C (th. 7).

3. Égouttez les légumes en gardant la marinade. Enfilez-les sur des piques par trois. Disposez les brochettes sur une plaque de cuisson recouverte de papier sulfurisé. Enfournez et faites cuire 20 minutes en retournant à mi-cuisson. Servez les brochettes avec le reste de sauce satay.

GALETTES DE PANAIS
et crème à l'aneth

POUR 4 PERSONNES
PRÉPARATION : 10 MIN
CUISSON : 6 MIN PAR FOURNÉE

2 panais
1 carotte
1 grosse poignée de mâche
1 oignon
3 œufs
1 cuillerée à soupe de farine
Huile d'olive
Sel et poivre

Crème à l'aneth :
6 cuillerées à soupe de crème fraîche
3 cuillerées à soupe d'aneth ciselé
1 ½ cuillerée à soupe de jus de citron
Quelques baies roses concassées
1 filet d'huile d'olive
Sel et poivre

1. Préparez la crème à l'aneth : dans un bol, mélangez la crème fraîche avec le reste des ingrédients. Réservez au réfrigérateur.

2. Épluchez et râpez les panais et la carotte. Pelez et émincez l'oignon. Battez les œufs dans un saladier. Ajoutez les légumes râpés, l'oignon et la farine. Salez, poivrez et mélangez de façon à obtenir une préparation homogène.

3. Faites chauffer un peu d'huile d'olive dans une poêle. Déposez 1 grosse cuillerée à soupe de préparation aux légumes et aplatissez-la pour former une galette. Recommencez avec le reste de la préparation. Faites cuire chaque côté pendant 3 minutes.

4. Lavez la mâche et déposez 1 bouquet dans chaque assiette. Répartissez les galettes et dégustez-les avec la crème à l'aneth.

VAUTES DE POMMES DE TERRE *aux herbes*

POUR 6 PERSONNES
PRÉPARATION : 10 MIN
CUISSON : 8 MIN

1,5 kg de pommes de terre (type Charlotte)
4 œufs
2 oignons hachés
½ bouquet de persil plat ciselé
2 cuillerées à soupe de farine
2 cuillerées à soupe de crème épaisse
4 cuillerées à soupe d'huile
Sel et poivre

★★★

Astuce
Vous pouvez remplacer la crème par du yaourt.

1. Épluchez, lavez et essuyez les pommes de terre. Râpez à la grille moyenne. Laissez égoutter.
2. Dans un grand saladier, déliez les œufs. Mélangez-les avec la crème, les oignons, le persil plat et la farine. Ajoutez les pommes de terre. Salez et poivrez.
3. Faites chauffer l'huile dans une poêle. Déposez de petits tas d'une cuillerée à soupe de mélange dans la poêle chaude.
4. Faites cuire 4 minutes de chaque côté.

POÊLÉE DE LÉGUMES *anciens*

POUR 4 PERSONNES
PRÉPARATION : 15 MIN
CUISSON : 20 MIN

100 g de salsifis frais
2 cuillerées à soupe d'huile d'olive
200 g de rutabagas
1 gros panais
200 g de topinambours
200 g de cerfeuils tubéreux
¼ de botte de persil plat
Fleur de sel

1. Épluchez et lavez tous les légumes. Pelez les salsifis et coupez-les en petits tronçons. Coupez le reste des légumes en quartiers.

2. Dans une poêle, faites revenir les salsifis avec de l'huile d'olive et une pincée de sel. Une fois qu'ils sont colorés, ajoutez un verre d'eau et laissez cuire à couvert pendant 3 minutes.

3. Ajoutez dans la poêle le rutabaga et faites cuire à couvert pendant 5 minutes. Ajoutez le panais et les topinambours, versez un peu d'eau si nécessaire et poursuivez la cuisson 4 min.

4. Terminez par le cerfeuil tubéreux et prolongez la cuisson de 5 minutes. Vérifiez la cuisson des légumes avec la pointe d'un couteau. Effeuillez le persil plat et hachez-le. Salez et parsemez de persil plat avant de déguster.

TIAN DE BETTERAVES *au miel*

POUR 4 PERSONNES
PRÉPARATION : 15 MIN
CUISSON : 15 MIN

3 betteraves crues
1 oignon blanc
2 cuillerées à soupe de miel
2 cuillerées à soupe d'huile d'olive
Sel et poivre

1. Préchauffez le four à 180 °C (th. 6). Pelez les betteraves et l'oignon. Coupez-les en fines tranches. Vous pouvez utiliser une mandoline afin d'obtenir une coupe nette et très fine.

2. Dans un plat à four préalablement huilé, disposez verticalement dans toute la largeur du plat les rondelles de betteraves intercalées de tranches d'oignon.

3. Versez un filet de miel par-dessus. Salez et poivrez. Enfournez pendant 15 minutes puis dégustez.

OIGNONS RÔTIS *farcis au chèvre*

POUR 4 PERSONNES
PRÉPARATION : 15 MIN
CUISSON : 40 À 50 MIN

8 oignons jaunes moyens
4 crottins de chèvre
Quelques brindilles de romarin
2 grosses cuillerées à soupe de miel liquide
3 cuillerées à soupe d'huile d'olive
Sel et poivre

1. Pelez les oignons puis coupez légèrement la base et le dessus. Plongez-les dans une casserole d'eau bouillante salée et laissez-les cuire 20 à 25 minutes sur feu moyen sans couvrir. Égouttez et passez-les sous un filet d'eau froide.

2. Préchauffez le four à 170 °C (th. 5-6). Évidez les oignons. Hachez l'intérieur avec le romarin. Mélangez le tout dans un saladier avec le chèvre coupé en petits morceaux.

3. Farcissez les oignons avec la préparation au chèvre puis déposez-les dans un plat à gratin. Salez, poivrez, arrosez-les d'huile d'olive et nappez-les de miel. Enfournez et faites-les rôtir 20 à 25 minutes en les arrosant de mélange huile-miel 1 ou 2 fois pendant la cuisson. Servez-les accompagnés d'une salade de mesclun.

PENNE AUX ÉPINARDS *et aux noix*

POUR 4 PERSONNES
PRÉPARATION : 15 MIN
CUISSON : 15 MIN

320 g de pâtes complètes type penne
500 g d'épinards frais en branches
2 poireaux
1 échalote
Huile d'olive
Sel et poivre

Sauce aux noix :
40 g de cerneaux de noix grillés
60 g de bleu d'Auvergne
3 cuillerées à soupe de crème fraîche
1 cuillerée à soupe de vinaigre balsamique blanc

★★★

Astuce
Apportez une touche colorée en ajoutant une carotte râpée à la poêlée de poireaux.

1. Réalisez la sauce aux noix : mixez les cerneaux avec le reste des ingrédients. Réservez.

2. Émincez finement les poireaux. Lavez les épinards frais et supprimez les grandes tiges. Pelez et émincez l'échalote.

3. Dans une poêle, faites revenir les poireaux et l'échalote avec un filet d'huile d'olive 6 minutes à feu moyen. Salez, puis ajoutez les épinards et poivrez. Poursuivez la cuisson 2 minutes.

4. Faites cuire les pâtes dans une grande casserole d'eau bouillante salée selon le temps mentionné sur le paquet. Égouttez-les.

5. Dans un saladier, mélangez les pâtes avec les légumes et la sauce aux noix. Servez aussitôt.

CANNELLONIS AU BROCCIU
et aux blettes

POUR 6 PERSONNES
PRÉPARATION : 1 H
CUISSON : 30 À 40 MIN

18 rouleaux à cannellonis sans précuisson
6 belles blettes
120 g de tomme corse
1 œuf délié
1 oignon haché
Une dizaine de feuilles de menthe ciselées
Sel et poivre

Sauce tomate :
1,5 kg de tomates mondées et concassées
1 branche de céleri grossièrement coupée
½ oignon émincé
2 gousses d'ail hachées
3 brins de marjolaine
2 cuillerées à soupe d'huile d'olive
Sel et poivre

1. Dans une sauteuse, faites revenir l'oignon avec l'huile d'olive. Lorsqu'il est translucide, ajoutez les tomates, le céleri, la marjolaine et l'ail. Salez, poivrez et faites mijoter 45 minutes. Passez la préparation au moulin à légumes (grille fine).
2. Lavez les blettes et prélevez le vert. Réservez les côtes. Blanchissez le vert des blettes 3 minutes dans l'eau bouillante salée. Passez sous l'eau froide. Essorez et hachez.
3. Préchauffez le four à 180 °C (th. 6). Mélangez le brocciu avec les blettes, l'oignon, la menthe et l'œuf. Salez, poivrez, réservez au frais.
4. Farcissez les rouleaux à cannellonis avec le mélange aux blettes. Déposez les cannellonis dans un plat huilé et recouvert d'une fine couche de sauce tomate.
5. Une fois les cannellonis rangés, versez le reste de sauce. Parsemez de tomme corse râpée et enfournez pour 30 à 40 minutes.

DAL DE LENTILLES CORAIL
à la noix de coco

POUR 4 PERSONNES
PRÉPARATION : 10 MIN
CUISSON : 30 MIN

400 g de lentilles corail
80 cl de lait de coco
1 tomate
1 oignon
1 gousse d'ail
10 brins de coriandre
1 cube de bouillon de légumes bio
1 cuillerée à soupe de cumin en poudre
1 cuillerée à soupe de paprika en poudre
1 cuillerée à soupe d'huile d'olive
Sel et poivre

1. Déposez les lentilles dans une casserole. Couvrez d'eau froide à hauteur et ajoutez le cube de bouillon. Portez à ébullition puis faites cuire à petits bouillons pendant 10 minutes. Salez en fin de cuisson. Égouttez si besoin.

2. Ciselez l'oignon et hachez l'ail. Épépinez la tomate et coupez-la en cubes.

3. Faites chauffer l'huile d'olive dans une casserole puis faites revenir l'oignon 3 à 4 minutes. Ajoutez l'ail et les épices. Mélangez et faites revenir encore 5 minutes. Déposez les lentilles et les cubes de tomate. Versez le lait de coco, couvrez et laissez mijoter à feu doux 20 minutes environ selon la consistance désirée.

4. Effeuillez et ciselez la coriandre. Au moment de servir, rectifier l'assaisonnement en sel et poivre si besoin et parsemez de coriandre.

QUICHE AU POIREAU
et oignon rouge confit au balsamique

POUR 4 À 6 PERSONNES
PRÉPARATION : 20 MIN
CUISSON : 45 MIN

1 rouleau de pâte brisée
1 poireau
1 oignon rouge
400 g de tofu soyeux
30 g de noisettes entières
3 branches de thym
50 g de farine de pois chiches
10 g de fécule de maïs
2 cuillerées à soupe d'huile d'olive + un peu pour le moule
1 cuillerée à soupe de vinaigre balsamique
1 cuillerée à soupe de sirop d'agave
Sel et poivre

1. Préchauffez le four à 180 °C (th. 6). Lavez le poireau et ôtez l'extrémité des feuilles. Emincez-le. Coupez l'oignon en fines rondelles.

2. Dans une poêle, faites chauffer l'huile d'olive puis faites revenir les rondelles de poireau et d'oignon jusqu'à ce qu'elles deviennent translucides. Ajoutez le sirop d'agave, le vinaigre balsamique, 1 pincée de sel et 2 cuillerées à soupe d'eau. Faites fondre le tout 10 minutes à feu moyen.

3. Concassez les noisettes. Dans un saladier, mélangez le tofu, la farine, la fécule et 1 pincée de sel. Fouettez pour obtenir une préparation lisse. Ajoutez le thym effeuillé et les noisettes. Mélangez bien le tout.

4. Foncez un moule à tarte huilé avec la pâte. Déposez la moitié du mélange poireau-oignon sur le fond. Recouvrez du mélange de tofu puis ajoutez le reste des légumes. Enfournez la quiche et faites cuire 45 minutes afin que le dessus soit bien doré.

QUICHE AU TOFU
et sésame

POUR 1 QUICHE DE 30 CM
PRÉPARATION : 15 MIN
CUISSON : 50 MIN
REPOS : 30 MIN

250 g de pâte brisée
250 g de tofu soyeux
2 cuillerées à soupe de purée de sésame (tahin)
2 carottes
1 poireau
1 gousse d'ail
1 œuf
1 cuillerée à soupe de miso
1 cuillerée à soupe de graines de sésame
Huile d'olive
Sel et poivre

1. Égouttez le tofu 30 minutes dans une passoire. Abaissez la pâte sur le plan de travail fariné. Foncez le moule à tarte avec la pâte et piquez le fond avec une fourchette. Réfrigérez pendant 20 minutes.

2. Préchauffez le four à 180 °C (th. 6). Émincez le poireau. Râpez les carottes. Hachez la gousse d'ail.

3. Dans une poêle, faites chauffer un filet d'huile d'olive puis faites revenir le poireau avec l'ail 5 minutes à feu moyen. Ajoutez les carottes râpées et salez. Couvrez et laissez cuire 12 minutes à feu doux en remuant de temps en temps. Enfournez à blanc le fond de tarte et laissez cuire 10 minutes.

4. Dans un saladier, mélangez le miso et la purée de sésame. Ajoutez l'œuf battu puis le tofu. Fouettez afin d'obtenir un mélange crémeux. Incorporez la poêlée de poireau-carotte. Salez et poivrez. Étalez la garniture sur le fond de tarte précuit. Enfournez et faites cuire 25 minutes. Saupoudrez de graines de sésame.

SOUFFLÉ AU COMTÉ *et noix de muscade*

POUR 6 PERSONNES
PRÉPARATION : 20 MIN
CUISSON : 40 MIN

6 œufs
230 g de comté fruité fraîchement râpé
2 pincées de noix de muscade râpée
60 g de farine
60 cl de lait entier
75 g de beurre + pour le moule
Sel et poivre

★★★

Astuce
Pour une touche orientale, remplacez la noix de muscade par du cumin en poudre.

1. Dans une casserole, faites fondre le beurre à feu doux, versez la farine en pluie et mélangez vigoureusement au fouet. Sans cesser de remuer, versez le lait en filet. Continuez à mélanger jusqu'à épaississement de la béchamel. Salez, poivrez. Ajoutez la noix de muscade et le fromage. Laissez refroidir et réservez.

2. Beurrez un moule à soufflé. Préchauffez le four à 210 °C (th. 7).

3. Séparez les blancs des jaunes d'œufs. Introduisez les jaunes dans la préparation précédente. Montez les blancs en neige et, lorsque la béchamel est refroidie, incorporez-les délicatement.

4. Versez le tout dans le moule et enfournez pour 40 minutes à 180 °C (th. 6).

PÂTÉ FEUILLETÉ *aux pommes de terre*

POUR 6 PERSONNES
PRÉPARATION : 20 MIN
CUISSON : 40 MIN

2 rouleaux de pâte feuilletée pur beurre
8 pommes de terre
2 échalotes hachées
2 gousses d'ail pressées
1 jaune d'œuf dilué avec une cuillerée à soupe d'eau pour la dorure
1 cuillerée à soupe de persil plat ciselé
40 cl de crème fraîche épaisse
Beurre pour le moule
Sel et poivre

1. Épluchez les pommes de terre. Tranchez-les en fines rondelles. Mélangez avec les échalotes, l'ail et le persil. Salez et poivrez. Préchauffez le four à 210 °C (th. 7).

2. Beurrez un moule à manqué. Déposez le premier cercle de pâte feuilletée. Garnissez de pommes de terre et déposez le second cercle de pâte. Soudez les deux pâtes en roulant les bords. Badigeonnez la pâte de dorure.

3. Baissez le four à 180 °C (th. 6) au moment d'enfourner et faites cuire le pâté 40 minutes. Lorsqu'il est doré, sortez-le du four et laissez tiédir avant de démouler.

4. Découpez la partie supérieure du pâté en cercle. Étalez la crème et reposez le couvercle. Faites réchauffer avant de déguster.

GÂTEAU DE POMMES DE TERRE *à la tapenade et au chèvre frais*

POUR 4 À 6 PERSONNES
PRÉPARATION : 20 MIN
CUISSON : 45 MIN
REPOS : 10 MIN

2 grosses cuillerées à soupe de tapenade
500 g de pommes de terre
140 g de fromage de chèvre frais
2 œufs
25 cl de crème liquide
Sel et poivre
Beurre pour le moule

1. Préchauffez le four à 180 °C (th. 6). Épluchez et lavez les pommes de terre ; coupez-les en fines rondelles.

2. Écrasez le fromage de chèvre avec une fourchette. Battez les œufs dans un grand bol, puis ajoutez la crème, le fromage de chèvre, du sel et du poivre. Fouettez pour obtenir une préparation fluide.

3. Beurrez un moule à manqué large de 18 à 20 cm et chemisez le fond de papier sulfurisé. Déposez la moitié des rondelles de pommes de terre puis étalez la tapenade. Recouvrez avec la moitié de la crème au fromage. Ajoutez le reste des pommes de terre puis le reste de la crème. Couvrez le moule de papier d'aluminium. Enfournez 25 minutes. Retirez l'aluminium et poursuivez la cuisson 20 à 25 minutes.

4. Laissez le gâteau reposer 10 minutes avant de le démouler. Servez-le avec du mesclun ou une rémoulade de céleri.

CRUMBLE DE BLETTES *aux graines de courges*

POUR 6 PERSONNES
PRÉPARATION : 30 MIN
CUISSON : 50 MIN

1 kg de blettes
1 échalote
1 gousse d'ail
½ bouquet de persil plat
25 cl de bouillon de légumes
1 cuillerée à soupe de Maïzena®
2 cuillerées à soupe de crème fraîche
1 cuillerée à soupe d'huile d'olive
Sel et poivre

Crumble :
80 g de farine T80 semi-complète
80 g de graines de courge ou d'amandes
30 g de parmesan fraîchement râpé
4 cuillerées à soupe d'huile d'olive
½ cuillerée à café de sel

1. Préchauffez le four à 200 °C (th. 6-7). Lavez les blettes et séparez les côtes des feuilles. Effilez les côtes et coupez-les en tronçons. Émincez les feuilles. Émincez l'échalote et l'ail.

2. Dans une poêle, faites chauffer 1 cuillerée à soupe d'huile d'olive puis faites revenir les côtes de blettes avec l'ail et l'échalote 10 minutes à feu moyen. Ajoutez les feuilles de blettes, la crème fraîche et du sel. Prolongez la cuisson 10 minutes.

3. Mixez un quart de la poêlée avec le persil. Déposez le reste des blettes dans un plat à gratin huilé.

4. Dans une casserole, portez le bouillon de légumes à ébullition. Versez la Maïzena® en pluie et faites cuire en fouettant pour épaissir. Hors du feu, incorporez les blettes mixées. Versez cette béchamel dans le plat de blettes.

5. Mixez les graines de courge pour les réduire en poudre. Dans un bol, mélangez la farine, le parmesan, la poudre de courge et le sel. Ajoutez l'huile d'olive et travaillez pour obtenir une pâte sableuse. Répartissez la pâte sur le dessus des blettes. Enfournez 30 minutes.

CAKE À LA ROSE
et pétales confits

POUR 6 PERSONNES
PRÉPARATION : 15 MIN
CUISSON : 40 MIN

Quelques pétales de roses confits
Quelques gouttes d'eau de rose
160 g de farine
1 sachet de levure chimique
3 œufs
150 g de beurre fondu
150 g de sucre semoule
Sucre glace
Beurre et farine pour le moule

1. Préchauffez le four à 180 °C (th. 6). Dans un saladier, fouettez les œufs et le sucre semoule jusqu'à ce que le mélange blanchisse. Incorporez la farine et la levure. Versez le beurre fondu en fouettant énergiquement. Ajoutez les pétales de roses grossièrement concassés et quelques gouttes d'eau de rose.

2. Versez la préparation dans un moule à cake légèrement beurré et fariné. Enfournez et faites cuire pendant 40 minutes. Laissez refroidir.

3. Démoulez le cake et saupoudrez-le de sucre glace juste avant de servir.

COOKIES AU PRALINÉ *et aux graines de courge*

POUR 20 COOKIES
PRÉPARATION : 15 MIN
RÉFRIGÉRATION : 2 H
CUISSON : 10 MIN

2 cuillerées à soupe de pâte de praliné
25 g de graines de courge
75 g de chocolat au lait
200 g de farine T55
½ cuillerée à café de bicarbonate de soude
1 œuf
½ gousse de vanille
95 g de beurre ramolli
50 g de sucre semoule
80 g de sucre de canne

1. Fendez la demi-gousse de vanille dans la longueur et prélevez les graines. Dans le bol d'un robot, fouettez le beurre jusqu'à ce qu'il soit crémeux. Ajoutez les sucres ainsi que les graines de vanille et fouettez à nouveau. Incorporez l'œuf. Ajoutez la farine et le bicarbonate tamisés ensemble puis mélangez bien. Déposez la pâte dans un saladier.

2. Cassez le chocolat en tout petits morceaux ; mélangez-les à la pâte avec les graines de courge. Ajoutez enfin la pâte de praliné en mélangeant légèrement de manière à marbrer la préparation.

3. Partagez la pâte en deux. Roulez chaque pâton en boudin. Filmez et placez 2 heures au frais.

4. Préchauffez le four à 180 °C (th. 6). Coupez les boudins en rondelles d'environ 1 cm d'épaisseur. Déposez-les sur une plaque de cuisson recouverte de papier sulfurisé. Enfournez et faites cuire 10 minutes. Laissez reposer les cookies 5 minutes avant de les laisser refroidir sur une grille.

INDEX DES RECETTES

ÉQUIVALENCES

Mesures liquides

Système métrique	Système américain	Autre nom
5 ml	1 cuillère à thé (cuillère à café française)	
15 ml	1 cuillère à table (cuillère à soupe française)	
35 ml	1/8 cup (tasse française)	1 oz (ou once)
65 ml	1/4 cup ou 1/4 grand verre	2 oz
125 ml	1/2 cup ou 1/2 grand verre	4 oz
250 ml	1 cup ou 1 grand verre	8 oz
500 ml	2 cups ou 1 pinte	
1 litre	4 cups ou 2 pintes	

Mesures solides

Système métrique	Système américain	Autre nom
30 g	1/8 oz	
55 g	1/8 lbs	2 oz
115 g	1/4 lbs	4 oz
170 g	3/8 lbs	6 oz
225 g	1/2 lbs	8 oz
454 g	1 livre	16 oz

Chaleur du four

Chaleur	° Celsius	Thermostat	° Fahrenheit
Très doux	70 °C	Th. 2-3	150 °F
Doux	100 °C	Th. 3-4	200 °F
	120 °C	Th. 4	250 °F
Moyen	150 °C	Th. 5	300 °F
	180 °C	Th. 6	350 °F
Chaud	200 °C	Th. 6-7	400 °F
	230 °C	Th. 7-8	450 °F
Très chaud	260 °C	Th. 8-9	500 °F

Direction éditoriale : Anne la Fay
Édition : Adèle Vay, Victoire Hermont
Direction artistique : Julie Mathieu
Maquette : Caroline Soulères
Fabrication : Thierry Dubus
et Gwendoline Da Rocha
N° d'édition : A16143
ISBN : 9782317006555
MDS : 63099

Achevé d'imprimer en juillet 2016
par la SEPEC en France
N° d'impression : 10435160614
Dépôt légal : août 2015
Édition n°2

Photo de couverture : © Amélie Roche
Stylisme de la photo de couverture :
AnneCé Bretin

www.mangoeditions.com

Retrouvez-nous sur :
https://www.facebook.com/Mangocuisine

Toutes les recettes de ce livre sont tirées de : Apéros dînatoires, Apéros et tapas, Cuisine végétarienne, Dîners improvisés, I love ma région, Les bonnes recettes pour des ratatouilles, poêlées et tians, Les bonnes recettes pour des salades, Les bonnes recettes pour des petits farcis, Les bonnes recettes à emporter dans sa valise, Les bonnes recettes pour être light et joyeuses, Les bonnes recettes pour des apéros sans cacahuètes, Pâtisseries orientales, Petits plats du quotidien, Praliné addict, Vegan, Ramen, Sushis et yakitoris, parus aux Éditions Mango.

© Martin Balme : recettes 16, 36, 38, 68, 74, 86, 106, 116, 168, 218 / © Nathalie Carnet : recettes 18, 32, 34, 48, 54, 64, 84, 100, 110, 130, 134, 136, 138, 142, 204, 206 / © Aimery Chemin : recettes 42, 76, 92, 96, 160, 166, 192, 202, 210, 212 / © Charly Deslandes : recettes 60 / © Virginie Garnier : recettes 220 / © Patrice Hauser : recettes 20, 24, 28, 32, 50, 52, 56, 58, 62, 80, 82, 90, 102, 104, 108, 112, 114, 140, 144, 146, 148, 150, 152, 154, 156, 158, 162, 164, 178, 180, 182, 184, 188, 190, 200, 208, 216 / © Julie Mechali : recettes 26, 30, 44, 78, 88, 94, 98, 124, 126, 128, 172, 194, 196 / © Pierre-Louis Viel : recettes 40, 46, 70, 72, 120, 122, 132, 174, 176, 186, 198, 214

Dans la même COLLECTION

**DÉCOUVREZ 100 % CUISINE,
LA COLLECTION DE 100 RECETTES INRATABLES !**

Collectionnez-les tous !